EL ECLIPSE DE LA ATENCIÓN

Amador Fernández-Savater
Oier Etxeberria *(coords.)*

EL ECLIPSE
DE LA ATENCIÓN

© Amador Fernández-Savater y Oier Etxeberria (*coords.*)

«Prestar atención» en *Otra ciencia es posible* de Isabelle Stengers (Ned Ediciones, 2019). Traducción de Víctor Goldstein.
Título original en francés: *Une autre science est possible*
© Éditions La Découverte, París, 2017

© Simone Weil, «Reflexiones sobre el buen uso de los estudios escolares como medio de cultivar el amor a Dios», trad. de María Tabuyo y Agustín López, en *A la espera de Dios*, Trotta, Madrid, 5.ª ed., 2009.

Montaje de cubierta: Juan Pablo Venditti

Sensorama. Bioestación pública para el refinamiento sensorial íntimo y la recapacitación comunicativa. © Coco Moya y Rafael SM Paniagua, 2020.

Lalana Dibujo. © Oier Etxeberria, 2011.

Derechos reservados para todas las ediciones en castellano

© Ned ediciones, 2023

Primera edición: enero, 2023
Primera reimpresión: febrero, 2023

Preimpresión: Moelmo SCP
www.moelmo.com

ISBN: 978-84-18273-62-9
Depósito Legal: B 21055-2022

Impreso en Sagrafic
Printed in Spain

Ned Ediciones
www.nedediciones.com

¡ADENTRO!

Busca tu ámbito interior
el de tu alma.

En vez de decir, pues,
¡adelante! o ¡arriba!,
di ¡adentro!

Reconcéntrate para irradiar;
Déjate llenar para que reboses

Luego,
Conservando el manantial.
Recógete en ti mismo
Para mejor
Darte a los demás.

Avanza en las honduras
De tu espíritu
Y descubrirás cada día
Nuevos horizontes,
Tierras vírgenes,
Ríos de inmaculada pureza,
Cielos antes nunca vistos,
Nuevas constelaciones.

Tienes que hacerte universo,
Buscándolo dentro de ti.
¡Adentro!

MIGUEL DE UNAMUNO

ÍNDICE

A VUESTRA ATENCIÓN

Disminución de la capacidad de concentración, trastornos de hiperactividad en la infancia, percepción generalizada de un tiempo que se acelera, relaciones ansiosas con las nuevas tecnologías, recurso a pastillas y a todo tipo de terapias para «parar la cabeza» y aprender a vivir como sea *aquí y ahora...* ¿Qué está pasando? ¿De qué nos hablan estos «desórdenes de la atención»?

El colapso atencional se encuentra en la encrucijada entre algunas tendencias clave del mundo actual: la economía que convierte la visibilidad en la mercancía más valorada, las formas de trabajo precarias y multitarea, el *zapping* y el *scroll* como modos de relación con las cosas, el *horror vacui* contemporáneo. La crisis de la atención es, seguramente, la que puede revelar con mayor precisión de qué está hecha la sociedad en que vivimos.

Durante el curso 2018-2019, en el Centro Internacional de Cultura Contemporánea Tabakalera, nos dedicamos a *poner atención en la atención,* desde distintas miradas y lugares: infancia, maternidad y género, psicología, arte y ciencia, pedagogía, filosofía y política, por mencionar algunos de ellos. No solamente para «entender» un problema, sino para *intervenir en una batalla.* De hecho, «la batalla por entrar en nuestras cabezas» fue el título de aquellas jornadas. Aunque a lo largo de ellas nos dimos cuenta de que no se trataba sólo de nuestras cabezas, sino de *nuestro cuerpo entero.*

Educar a un niño, dar una clase, leer, ver o hacer una película, acompañarnos en una relación afectiva, disfrutar el silencio, pensar... En todas las situaciones de la vida cotidiana se libra hoy una extraña guerra entre las fuerzas que explotan nuestra atención —electrocutándola y agotándola— y las fuerzas capaces de revitalizarla, de renovarla, de reactivarla. En las páginas que siguen se analizan críticamente las primeras en favor de las segundas.

El libro reúne materiales que tuvieron su origen en aquellas jornadas: rescatamos introducciones y planteamientos generales (Amador Fernández-Savater y Oier Etxeberria), editamos algunas de las conversaciones mantenidas (José Ramón Ubieto y Marino Pérez, Diego Sztulwark, Franco Berardi, Yves Citton, Silvia Duschatzky), publicamos textos que recogen hipótesis o conjeturas primero expuestas oralmente para la discusión colectiva (Santiago Alba Rico, Rafael Sánchez-Mateos Paniagua, Marta Malo) y añadimos tres textos de autoras que a lo largo de todo el proceso nos dieron muchísimo que pensar (Simone Weil, Andrea Soto Calderón e Isabelle Stengers).

«Vivir intensamente significa vivir atentos» han dejado dicho, de muchas formas distintas, voces sabias a lo largo de los tiempos. Vivir atentos significa *estar dentro* de las situaciones que vivimos, vivir implicados. La atención es un arte de la *presencia*, del *estar presentes* en lo que nos toca vivir. Es la única plenitud a la que pueden optar existencias siempre abiertas e inacabadas como las humanas.

La batalla de la atención es indisociable de la pelea por el deseo y el tiempo, por reapropiarnos de la capacidad de hacer y deshacer mundo; es, por tanto, otra dimensión más de la política emancipatoria, de la política como práctica de transformación del mundo, como pregunta colectiva por lo común.

La atención es, así también, una potencia que *desordena* lo establecido, el dominio de los automatismos, en busca de algo distinto, más abierto y más libre.

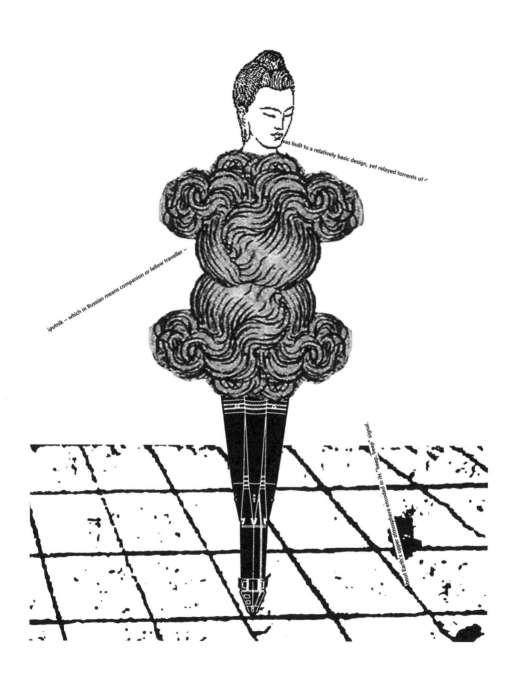

was built to a relatively basic design, yet relayed torrents of ↵

:putnik – which in Russian means companion or fellow traveller ↵

about Earth's upper atmosphere encoded in its "beep, beep" signal.

Ausentarse: la crisis de la atención en las sociedades contemporáneas
Amador Fernández-Savater

Zapping, multitarea y *scrolleo* constante, intolerancia al silencio, incapacidad de recogimiento y concentración, distracción crónica e indiferencia permanente al entorno más inmediato...

Hoy en día *nunca estamos en lo que estamos*.

¿Es esta crisis generalizada de la atención otra manifestación más de la «crisis de presencia» de nuestra época? La crisis de la presencia nos habla de una dificultad para *estar-ser* cuando el suelo ya no es firme y los sentidos disponibles no nos sostienen. Una dificultad de acceso a la experiencia del *presente*. No vivimos en una sociedad «presentista», sino todo lo contrario: no hay presente, falta el presente.

El modelo dominante de ser es el «sujeto de rendimiento»: constantemente movilizado, disponible y conectado, siempre gestionando y actualizando un «capital humano» que somos nosotros mismos (capacidades, relaciones, marca personal), siempre bregando para no naufragar en la precariedad, obligadamente autónomo, independiente y autosuficiente, flexible y sin «cargas». Es el modo de vida neoliberal, animado por la pulsión de «siempre más».

Este sujeto de rendimiento nunca está en lo que está, sino *más allá*. Más allá de sí mismo, más allá de los lazos que le atan, más allá de las situaciones que habita: en constante autosuperación y competencia con los demás, forzando al mundo para que rinda más y más. El presente que vive sólo es un medio de otra cosa: algo mejor que nos aguarda después, luego, más tarde.

Nos creemos muy ateos, pero vivimos religiosamente en diferido, sacrificando a chorros el presente en nombre de una salvación para mañana. Transportados constantemente hacia un más allá.

Este sujeto de rendimiento entra hoy en crisis por todas partes, tanto fuera como dentro de nosotros mismos: se multiplican los problemas sociales y ecológicos, las fisuras, las averías y los malestares íntimos (ataques de pánico y ansiedad, cansancio y depresión). Es decir, *no somos capaces de ser según las formas de ser dominantes.* ¿Qué se puede hacer con estas crisis?

Podemos simplemente buscar «prótesis» que nos permitan tapar los agujeros y seguir con el ritmo de la productividad incesante: terapias, pastillas, *mindfulness,* dopajes varios, intervalos de descanso y desconexión para quien pueda permitírselos, adicciones, afectividades compensatorias, consumo de identidades, de intensidades, de relaciones, chutes de autoestima (reconocimiento, *likes*), etc.

Podemos volver nuestro sufrimiento contra nosotros mismos: autoagresión, lesiones, rabia reactiva, resentimiento y búsqueda de un chivo expiatorio, de un «culpable» de lo que nos pasa.

Podemos buscar también formas de borrarnos del mapa. Frente al mandato de «siempre más» del sujeto de rendimiento, ensayar una *retirada radical.* «La vida no me interesa ya, hace demasiado daño, sin embargo no me quiero morir». David Le Breton llama «blancura» a ese estado y repasa las diferentes maneras que hay de mantenerse lejos del mundo para no ser afectados por él: no ser nadie, librarse de toda responsabilidad, no exponerse, hibernar, dormir tal vez soñar, pero en todo caso nunca *estar...*

Frente al yo como unidad productiva siempre movilizada, *desaparecer.* Desaparecer en tu cuarto propio conectado (el hikikomori[1]),

---

1. «Fenómeno social en que las personas escogen apartarse y abandonar la vida social, buscando grados extremos de aislamiento y de confinamiento». Wikipedia.

desaparecer en el exceso de alcohol y velocidad, desaparecer en una secta, desaparecer en la anorexia, desconectarse, desafiliarse, abdicar: *no ser*. Un fenómeno intensificado tras la pandemia del coronavirus: éxodo de las grandes ciudades, abandono del trabajo (el fenómeno de la «gran dimisión»), la gente que se niega a salir de su casa después de los confinamientos...

La «blancura», como fuga a un no lugar y huelga de identidades, es ambivalente: puede cronificarse, puede ser tan sólo una prótesis (tras un período de desaparición, volvemos con las pilas recargadas) o puede ser tal vez un principio de resistencia y bifurcación existencial.

La crisis de la presencia es por tanto circular. *Hay ausencia* en el modo de ser hegemónico: el sujeto de rendimiento que corre y corre distraído hacia algo que siempre está más allá. *Hay ausencia* en los síntomas de nuestra inadecuación al modelo: el malestar expresado en los desórdenes de la atención. *Hay ausencia* en las respuestas que elaboramos al daño: las formas de anestesia e insensibilización radical.

No estamos en lo que estamos porque *tampoco el mundo está donde está*. Se organiza desde principios abstractos que lo fuerzan exteriormente: rendimiento, capitalización, acumulación. La recuperación de la atención es inseparable de un proceso más amplio de transformación social. De creación —entre el ser y el no ser, entre el sujeto productivo y la blancura— de otras formas de estar en el mundo. De estar-ahí, de estar presentes y en el presente, de *estar atentos*.

La atención como trabajo negativo

Estar atentos es estar presentes. Para pensar la atención, hay que salir antes que nada del modelo exclusivo de la lectura: actividad única, lineal, concentrada en una sola tarea, solitaria. La lectura es *una* forma de la atención, no el ejemplo de toda atención.

La atención es, en primer lugar, un *trabajo negativo*: vaciar, quitar cosas, de-saturar, suspender, abrir un intervalo, interrumpir, parar y detener. Es Simone Weil, pensadora por excelencia de la atención, quien ha sabido ver y explicar mejor esto.

En un texto maravilloso, pensado como inspiración para los profesores y las alumnas de un colegio católico, Weil afirma que la formación de la atención es el verdadero objetivo del estudio y no las notas, los exámenes, la acumulación de saber o de resultados.

Weil distingue atención de concentración o «fuerza de voluntad»: apretar los dientes y soportar el sufrimiento no garantiza nada a quien estudia, porque el aprendizaje no puede ser movido más que por el deseo, el placer y la alegría. La atención es más bien una especie de «espera» y de «vaciamiento» que permite acoger lo desconocido.

Atender es en primer lugar *dejar de atender a lo que supuestamente debemos atender*: detener radicalmente la atención codificada —programada, automatizada y guionizada— por la búsqueda de logros, objetivos o rendimiento. Si la situación está llena, está saturada, nada puede atravesarla, no corre el aire, no hay atención ni deseo.

> La atención consiste en suspender el pensamiento, en dejarlo disponible, vacío y penetrable al objeto, manteniendo próximos al pensamiento, pero en un nivel inferior y sin contacto con él, los diversos conocimientos adquiridos que deban ser usados.

Hay que vaciarse de a prioris para volvernos capaces así de atender (escuchar, recibir) lo que una situación particular nos propone y tiene para entregarnos, algo desconocido. Vaciarse no significa olvidar o borrar lo aprendido, sino más bien ponerlo entre paréntesis para poder captar así la novedad y la singularidad de lo que viene.

¿Cómo vaciarse? Simone Weil anima por ejemplo a reconocer la propia estupidez, a volver una y otra vez sobre nuestros errores para bajarle los humos al orgullo: el orgullo es un obstáculo para el aprendizaje, sólo aprende quien se deja «humillar» por lo que desconoce.

> La mente debe estar vacía, a la espera, sin buscar nada, pero dispuesta a recibir en su verdad desnuda el objeto que va a penetrar en ella... El pensamiento que se precipita queda lleno de forma prematura y no se encuentra ya disponible para acoger la verdad. La causa es siempre la pretensión de ser activo, de querer buscar.

Atender es aprender a esperar; es una cierta pasividad pero en forma «activa»; es estar al acecho. Todo lo contrario de los impulsos que nos dominan hoy en día: impaciencia, necesidad compulsiva de opinar, de mostrar y defender una identidad, falta de generosidad y apertura hacia la palabra del otro, intolerancia a la duda, googleo y respuesta automática, cliché...

El embotamiento actual de la atención está relacionado con estas formas de saturación. El buen maestro, la buena maestra, deben empezar por *vaciar*: bajar las defensas, abrir los corazones y los espíritus, ayudar a cada cual a desamarrarse de las propias opiniones, a cogerle el gusto a explorar lo desconocido, sin miedo ni ansiedad, en confianza. Esta atención no se «enseña» sino que se ejercita. Es decir, se enseña mediante el ejemplo y la práctica.

Atender: entender lo que pasa

En segundo lugar, la atención es la capacidad de *entender lo que pasa*. Pero ¿qué es «entender» y qué es «lo que pasa»? Pensamos en dos cosas al menos.

Por un lado, *lo que pasa no es lo que decimos que pasa*: lo que declaramos, lo que significamos, las ideas que tenemos. Decimos una cosa y *está pasando otra*.

Lo que pasa es del orden de las energías, de las vibraciones, del deseo. El deseo se malentiende mucho hoy como capricho o búsqueda de un objeto que falta, pero lo comprenderemos mejor si lo pensamos como la fuerza que pone en movimiento, que hace hacer, que da lugar. No la práctica de consumo, sino una corriente de desplazamiento de las energías.

Atención es la capacidad de entender lo que pasa, cuando lo que pasa no se entiende racionalmente, no es explícito, no es obvio, no se dice. De escuchar y seguir el deseo: de *atenderlo* e inventarle formas para que pase.

Puede ser el deseo de pensar en una situación de aprendizaje. El deseo de dar y recibir amor en una situación amorosa. O el deseo de transformación en una situación política.

Atender lo que pasa es entender y encender las ganas, eso a lo que cada cual se anima: en un aula, en una relación, en una revolución. Denise Najmanovich, investigadora argentina, me avisa de que la etimología de la palabra atención tiene que ver con la yesca, eso que necesitamos para encender una llama; y no se trata sólo de encenderla, sino de avivarla una y otra vez.

Atención, por lo tanto, puesta en el *ritmo* y no sólo en el signo: lo que pasa no es lo que decimos, lo explícito, lo codificado. Atención en los *detalles*: lo que pasa es singular y no simplemente el caso de una serie previa. Y atención al *proceso*: lo que pasa varía, las corrientes de deseo, las ganas, tiene mareas altas y bajas, no es siempre igual.

Por otro lado, lo que pasa «entre» nosotros. La atención no es (sólo) concentración o recogimiento en uno mismo: estar concentrado en uno mismo puede ser de hecho a veces la mejor manera de no poner atención y salirse de una situación.

En un aula, en una relación, en una revolución, hay que atender a una energía que está pasando «entre» nosotros. Sólo así podremos *entender* la situación que estamos viviendo. La atención es un tipo de sensibilidad *transindividual*.

Yves Citton, en un libro de obligada lectura sobre el tema, *Por una ecología de la atención*, habla de atención «convergente» o «ecológica», es decir, la atención de uno interfiere con la de los otros, miramos y atendemos lo que los demás miran y atienden, cada situación es una trama compleja de vínculos y la atención es capacidad de percibir esa trama relacional, ese sistema de resonancias.

La menor de las conversaciones requiere activar esta atención convergente si no nos conformamos con que sea una mera sucesión de monólogos.

Enchufados

Estamos en lo que estamos cuando estamos atentos. Sin distancia e implicados, vibrando con la energía de la situación, «enchufados», como dicen los comentaristas deportivos, sobre tal jugador o jugadora que está «muy metida» en el partido.

Estamos implicados cuando estamos *afectados* por lo que pasa: algo nos toca, algo nos llama, algo nos conmueve. Lo que «nos mete» en una situación es del orden del afecto. No por nada decía Platón que el buen maestro no enseña el objeto de conocimiento, sino antes que nada el *amor* por el objeto de conocimiento. Es decir que es capaz de *afectar*.

Atención es la facultad necesaria para sostener situaciones de no saber, no organizadas previamente por un modelo, un código o un algoritmo: situación de aprendizaje, situación amorosa o situación de lucha como ejemplos. Sin atención, es decir sin trabajo negativo y escucha sensible de lo que pasa, la situación se estandariza rápidamente y repite una imagen previa: aula vertical, pareja convencional, política clásica. *No somos capaces de sostener la creación.*

No hay personas más inteligentes que otras, nos dice el filósofo Jacques Rancière, sino que hay atención y distracción. Aún podríamos decir más: lo que hay son *situaciones* de atención y situaciones de distracción, es decir, situaciones que activan nuestra atención y situaciones que la apagan. La inteligencia es atención y la estupidez es distracción. Nos volvemos inteligentes cuando estamos *dentro* de lo que vivimos y nos volvemos estúpidos cuando nos salimos.

Nuestro mundo está compuesto mayoritariamente de situaciones «estupidizadoras» que nos sacan del partido: situaciones de representación donde delegamos en otros (medios de comunicación, políticos) nuestra capacidad de pensar y decidir; situaciones de mercado regidas por principios abstractos y homogéneos (rendimiento, lógica de beneficio); situaciones estandarizadas donde algoritmos desconocidos para nosotros organizan las posibilidades, los comportamientos, las elecciones.

Interrupción y deseo. En nuestra mano está la posibilidad de abrir situaciones de aprendizaje, de afecto y de lucha en las que volvernos juntos más inteligentes activando la atención a eso que pasa *entre nosotros.*

Este texto recoge mil conversaciones mantenidas al calor del proyecto «Poner atención: la batalla por entrar en nuestras cabezas», con Oier, Rafa, Lilian, Helena, José Ramón y Marino, Diego, Marta y Mari Luz, Miriam, Agustín, Francis y Lucía, Juan, Frauke y las amigas y amigos del Grupo de Atención de Tabakalera (Donosti).

Crítica de la economía de la atención

Los problemas atencionales hoy no derivan simplemente de que haya muchas cosas que hacer y poco tiempo, de situaciones puramente personales o coyunturales, sino de un cierto «régimen de atención» en condiciones neoliberales que se trata de pensar y describir en sus funcionamientos concretos.

Yves Citton analiza el extractivismo de la atención que tiene lugar a través de los algoritmos en el mundo de la web 3.0 donde mandan Google, Amazon y Facebook. Santiago Alba Rico describe cómo, en este capitalismo altamente tecnologizado, los objetos se convierten en mercancías, las mercancías en imágenes y las imágenes en experiencia subjetiva. Franco Berardi, *Bifo*, habla del colapso que ocurre en nuestras cabezas en la contradicción entre ciberespacio (la esfera infinita de los estímulos) y el cibertiempo (la capacidad de elaboración, arraigada en un tiempo y un cuerpo finitos). E Isabelle Stengers nos alerta sobre cómo el matrimonio entre Estado y Ciencia destruye la capacidad de atención como arte de sacar consecuencias y de realizar conexiones.

Pero ese régimen de la atención no se desarrolla sin resistencias, sin fugas, sin alternativas que nos posibiliten pensarla de muchas otras maneras. Citton propone pasar de la economía a la *ecología* de la atención; la atención como ecosistema y bien común. Alba Rico, por su parte, apuesta por la recuperación de la capacidad de espera frente el consumo destructor que caracteriza nuestra relación con el mundo. Bifo habla sobre modos posibles de volver a tejer razón y sensibilidad, placer y deseo, lo que el imperio de la abstracción

ha desgarrado desde hace siglos. Finalmente, Stengers plantea aprender a resistir a la tentación del juicio para reapropiarnos colectiva-
mente de las artes de prestar atención al mundo tal y como se presenta aquí y ahora.

Contra la economía de la atención, por una *ecología* de la atención: conversación con Yves Citton

Innumerables publicaciones críticas denuncian la oleada de imágenes e información que, desde la televisión a Internet pasando por los videojuegos, nos condenaría —sobre todo a la gente joven— a una dispersión patológica. En realidad, lo que hay, según el pensador francés Yves Citton, es una «economía de la atención» que captura nuestras facultades atencionales de manera vertical y centralizadora. Se trata de aprender a darnos atención unos a otros y con respecto a la trama común de la vida. Es la apuesta que desarrolla Yves Citton en su libro *Por una ecología de la atención*. Esta conversación entre Yves Citton y Amador Fernández-Savater tuvo lugar el 23 de mayo de 2019.

Yves Citton, gracias por el libro y por acceder a esta conversación. Queríamos preguntarte en primer lugar por el camino que te llevó a este tema de la atención, por las cuestiones intelectuales y existenciales que te condujeron a dedicar un tiempo importante de trabajo e investigación a elaborar y poner por escrito sus reflexiones.

Mi interés por el fenómeno de la atención nace fundamentalmente de que soy profesor de literatura y, como ya sabréis (supongo que será el caso en España así como lo es en Francia o en Estados Unidos, donde también he enseñado durante 12 años), la literatura o los estudios literarios están en una situación algo difícil, precaria, y una buena forma de ponerlos en valor es tomar la literatura, justamente, como una especie de ejercicio de atención. En los estudios literarios lo que hacemos es leer algo, luego detenernos y volver a leer, o bien discutir sobre lo que quiere decir el texto, su significado y su sentido. Me parecía que una manera de pensar esta actividad es, justamente, partir de la idea de que estamos haciendo un ejercicio de atención, una experiencia de atención. Muy diferente a la lectura dispersa de correos electrónicos o de artículos de periódico. De este modo fue como llegué a interesarme por el problema de la atención.

He escrito dos libros al respecto. El primero habla de la economía de la atención. Es un libro colectivo donde pedía a economistas, sociólogos o neurólogos que hicieran un balance sobre el modo en que funciona la atención y sobre cómo podríamos construir una economía de la atención. La economía de la atención es una noción ya muy antigua, lo que yo he hecho es un pequeño resumen o síntesis de la cuestión. Pero después me pareció importante desplazar la problemática y hablar, más que de una «economía» de la atención, de una «ecología». No tanto contraponer una a la otra, sino pensar en dos capas. Hay toda una serie de problemas que se plantean desde el punto de vista de una economía de la atención (la atención se compra y se vende, hay competencia, un mercado, intercambios, etc.), pero la cuestión es más amplia: *hay que reintegrar la economía de la atención en una ecología de la atención.*

Cuatro desplazamientos

Uno de los puntos que nos parece más interesante es que en este tema hay una perspectiva habitualmente catastrofista —que, por lo demás, tiene sus razones—. Se habla de un hundimiento de la atención, de la invasión de nuestra cabeza por parte de todo tipo de dispositivos de distracción, de la dificultad cada vez mayor que tenemos hoy para «estar presentes». Sin embargo, uno de los rasgos más llamativos de tu libro es que el acercamiento, aunque crítico, no es apocalíptico; más bien, rastreas las vías positivas de recapacitación de la atención, de replantea-

miento político de la atención, en torno a esta idea de la atención colectiva, ecológica, relacional, convergente.

A mí también me parece que tenemos un problema de atención, muchas cosas por hacer, ver, leer, gente a la que ver y falta de tiempo para todo. Pasamos nuestro tiempo corriendo detrás de las cosas y sintiéndonos desbordados (y culpables) en el intento. Podemos decir que esto es un problema de «economía de la atención» precisamente: no tenemos suficientes recursos atencionales para cumplir las tareas que se nos piden o que tenemos ganas de hacer. Pero, a mi modo de ver, no se trata verdaderamente de un problema; o no es, en todo caso, un problema que merezca ser tratado en términos de apocalipsis o catástrofe. Como decía antes, me dedico a los estudios literarios, he estudiado en profundidad el siglo XVIII y puedo afirmar que Voltaire, Diderot, Rousseau, todos los filósofos de entonces, ya se quejaban de lo mismo, de que recibían demasiadas cartas y se publicaban demasiados libros. Decían, por ejemplo, que había más escritores que lectores. Por lo tanto, hay que empezar por tratar de precisar *cuál es realmente el problema de la atención a día de hoy.* En este punto me gustaría proponeros cuatro desplazamientos, cuatro inversiones de perspectiva.

Adelante con ellos.

Lo primero que digo es que la crisis de la atención —ese apocalipsis del que hablabais— no es de nuevo cuño. No es un fenómeno novedoso. No sólo he leído a Diderot y a Voltaire, sino a un historiador del arte, Jonathan Crary, que ha escrito un libro maravilloso, *Suspensiones de la atención,* donde explica que nunca se habló tanto de ella como en torno a 1880. Esa fecha coincide con el momento álgido del pánico atencional. Es el momento en el cual la industria comienza a dirigir verdaderamente la vida y la forma de trabajar de la gente. En el trabajo en serie hay que concentrarse en una única tarea. Por lo tanto, hay que concentrar la atención de los trabajadores en la fábrica y después la atención de los consumidores —a través de la publicidad— para vender todo lo que sale de la fábrica. Son también los años en que se desarrollan nuevos medios —la fotografía y el cine—, un nuevo foco de atracción de la atención. Y es la época en la que la psicología experimental analiza de forma muy precisa el comportamiento del sistema nervioso humano. Por lo tanto, un primer desplazamiento, el de la atención no es un problema nuevo.

El segundo tendría que ver con algo que oímos decir a menudo: el problema de la atención está ligado a la aparición de nuevos medios de comunicación —televisión, internet, la tecnología en general—. Y sí, ciertamente, los *media* condicionan la manera en que vivimos y pensamos el mundo. Sin embargo, lo que crea una crisis atencional no son los *media*, sino el capitalismo, por decirlo expeditivamente, en la medida en que el capitalismo es el contexto socioeconómico que ejerce una presión sobre el uso que hacemos de los *media*. Más que la tecnología en sí, es el contexto de su utilización lo que plantea problemas.

Tercer desplazamiento: cuando pensamos la atención en general y el problema atencional (por ejemplo, los alumnos y el profesor en clase, o los alumnos y las pantallas), pensamos en cada cual como individuo. A mí me interesa cambiar esta perspectiva y considerar que el problema atencional es antes que nada un problema *colectivo*. Mi atención es un bien colectivo, y hay que pensar la atención como un bien común antes de pensarla como una instancia individual. Eso no es algo que no se haga a menudo.

Y por último, el cuarto desplazamiento que me gustaría proponer, tiene que ver con el hecho de que, en general, sin que haga siquiera falta decirlo, se asume que estar atento está bien y estar distraído está mal. Se entiende la razón: si estoy al volante y me distraigo, está mal. De acuerdo. Pero es demasiado fácil oponer el bien de la concentración al mal de la distracción. En determinadas circunstancias es bueno estar concentrado: para poder hacer un trabajo literario, como decíamos antes, hay que leer el texto al detalle; ciertas experiencias artísticas exigen mucha concentración; así como la educación, etc. Por lo tanto, sí, uno debe ser capaz de concentrarse en algunos casos, de acuerdo. Pero en otras ocasiones estar concentrado puede resultar tremendamente peligroso.

A mí, por ejemplo, me gusta mucho leer libros, hasta el punto de que en ocasiones voy leyendo mientras camino por la calle. Recuerdo que cuando vivía en Estados Unidos caminaba con mucha frecuencia con un libro delante de los ojos y más de una vez me di de bruces contra un poste o una farola porque iba demasiado concentrado. Por lo tanto, también la concentración puede ser mala. Se piensa mal de la gente distraída, pero ¿alguien sabría darme una definición de distracción? ¿Es cierto que estar distraído es no estar atento en absoluto? No prestar atención a nada es tal vez un ideal de la meditación, de los ejercicios espirituales de los sabios orientales para limpiar el espíritu. Pero no es precisamente en esto en lo que se piensa cuando se le dice a alguien: ¡estás distraído! No se le está llamando «sabio oriental» al distraído ni nada por el estilo, sino que se le está reprochando el estar prestando atención *a otra cosa*, y no a lo que se le pedía que estuviera atento. Por lo tanto, la distracción no existe más que en relación a una autoridad: estoy distraído porque la autoridad dice que hay que prestar atención a esto y yo en cambio estoy concentrado en esto otro.

De esta forma, nos damos cuenta de que el problema de la distracción es siempre un problema de autoridad, un problema político, y que en determinadas circunstancias, si vives en un régimen opresivo que trata de controlar tu pensamiento y tu cerebro, *es preciso distraerse*, es más: tu libertad consiste en estar distraído. En tal caso lo peligroso sería que estuviéramos todos muy atentos, según la voluntad de la autoridad.

He aquí, por lo tanto, cuatro maneras de repensar el problema de la atención y de decir: seamos más precisos con respecto a aquello en lo que consiste realmente un problema atencional. Y a partir de ahí creo que podemos quizá continuar la discusión sobre el capitalismo, los nuevos *media* y todo aquello que constituye realmente el problema de la atención.

Origen y dinámica de la economía de la atención

Podemos ahora centrarnos en lo que identificas como el verdadero problema. Sería esta cuestión de la economía de la atención, de qué modo nuestra atención es hoy en día una mercancía de primer orden y cómo se desarrollan todo tipo de tentativas para capturarla y explotarla. ¿Cuál es tu análisis sobre la economía de la atención? ¿Cómo es posible que la atención sea hoy una mercancía? ¿Y qué pasa con ella cuando eso sucede?

Os voy a proponer que resituemos históricamente esta cuestión de la crisis y la economía de la atención. Para mí hay una fecha muy importante: 1830-1833. ¿Qué sucede a principios de la década de 1830? No sé si fue el caso en España, pero en Nueva York y en Francia, en la competencia que se dio entre los periódicos (era la moda de los diarios, que había comenzado a finales del siglo XVII y se había desarrollado durante el siglo XVIII), hubo casi al mismo tiempo una serie de directores de periódicos que decidieron reducir el precio del diario a la mitad, de modo que si fabricar un periódico costaba un dólar, ellos lo venderían al público a 50 centavos.

Así, si la mayor parte de los diarios debían venderse por lo menos a un dólar para poder pagar a la imprenta, su idea consistía en venderlos a la mitad, por debajo del precio de producción, y pedirles a los pequeños anunciantes que les reembolsasen una cantidad para poder cubrir los 50 centavos restantes a cambio de publicar un pequeño mensaje en sus páginas. Así es como nace la publicidad, a principios de esa década de 1830. Por fuerza, estos periódicos, que cuestan la mitad, van a venderse mucho mejor. ¿Qué ocurre a partir de este momento? El director del periódico vende un diario a 50 centavos y vende la atención del lector a un tercero por otros 50 centavos. Por lo tanto, ahí nace la economía de la atención, ya que podemos calcular lo que vale y podemos comprarla.

Hay un libro, *The Attention Merchants* de Tim Wu, que cuenta muy bien esta historia, hasta llegar a Google y a nuestros días. Esta economía de la atención continúa luego a lo largo del siglo xx. Google, Facebook y su sector reúnen la mayor capitalización bursátil de nuestra época. ¿Y qué es lo que venden? Antes que nada, nuestra atención. La atención humana, por lo tanto, es la fuente de la mayor concentración de capital en nuestros días. Pero diría que esto no es sino la continuación de ese proceso que comenzó, bajo otras formas, en 1830.

En este punto me gustaría añadir algo que no se escucha muy a menudo, si bien acaba de salir un libro en inglés, *The Age of Surveillance Capitalism*, de una profesora de Harvard que se llama Shoshana Zuboff, que a lo largo de sus 600 páginas desarrolla un poco el argumento que voy a exponer a continuación. Se trata de una cuestión que planteo en la última parte de mi libro: ¿qué hay de verdaderamente nuevo en los medios digitales como los teléfonos móviles? Normalmente se responde que se trata de las imágenes, de la información a la que podemos acceder, que es como llevar simultáneamente la televisión, la radio, la prensa y la biblioteca en el bolsillo, o que es interactivo, como si la novedad estuviera en algún lugar entre la pantalla, mis ojos y mi cerebro.

No creo que sea así. Si veo una película en la televisión o en el cine, ciertamente hay diferencias con el teléfono, que tiene una pantalla mucho más pequeña, pero la experiencia no es *esencialmente* distinta. Y si antes me comunicaba por telégrafo o por carta, ahora lo hago con mucha más rapidez, pero la mensajería instantánea no es una experiencia nueva en lo esencial. ¿Qué es, por lo tanto, lo que tiene de absolutamente nuevo el teléfono móvil? La novedad no hay que buscarla en el espacio que hay entre la pantalla y mi sistema nervioso, sino *detrás de la pantalla*.

¿Qué ha sucedido con la web 1.0? Nos permite acceder a toda una serie de información que, en lugar de pasar por el teléfono, por los periódicos y los libros, pasa por la pantalla. En la web 2.0, en cambio, la pantalla nos da la información y nosotros podemos responder: es interactiva, se pueden hacer comentarios en la página web, ir a Facebook, etc. ¿Y qué es la novedad de la web 3.0, donde Facebook, Google y demás están haciendo ahora tanto dinero? Es el hecho de que en ella tenemos la posibilidad de capturar todos los datos, de «algoritmizarlos» y discriminar, entre todos ellos, los que corresponden a mi atención. Cada vez que toco la pantalla los datos de mi interacción dan una información a Google o a Facebook sobre mi atención: lo que me gusta, lo que no me gusta, lo que pienso, lo que tengo ganas de comprar, etc. A continuación, esta información es utilizada y va a alimentar aquello que voy a ver mañana en mi pantalla, que estará constituido por mi reacción interactiva a lo que he visto hoy.

De modo que la web 3.0, que ofrece el tratamiento de los datos sobre mi atención, sí es algo absolutamente nuevo en la historia de la humanidad. Existen antecedentes muy básicos y rudimentarios que guardan un cierto parecido con esto, como los sondeos para calcular los índices de audiencia de los programas o canales de televisión. Pero eran muy rudimentarios. Hoy en día, cuando lees un libro, si te saltas un capítulo, se sabe. Amazon sabe qué capítulos te has saltado. De modo que, siguiendo esta lógica, Amazon podría hacer una segunda edición del libro que eliminara los capítulos menos leídos. Ahí sí veo yo que hay un gran peligro. No se trata necesariamente del apocalipsis, pero sí de algo insólito y que entraña muchos riesgos.

¿Por qué?

Estamos de verdad atentos cuando, más allá de los clichés, observamos mejor, prestamos una atención distinta de la que basta para reconocer meramente una categoría o un tipo general. Entonces sucede algo: *singularizamos un objeto* —como hacemos un poco cuando nos enamoramos—, ya no se trata simplemente —pongamos— de *una* mujer, sino de Marina, mi esposa, la mujer a la que amo, y que singularizo a través no sólo del amor, sino también de la atención.

La atención es algo que singulariza. Y quedarse en el cliché es peligroso. ¿Qué es lo que sucede hoy? Pues que todo lo que me llega a través de estas pantallas ha sido manipulado a partir de lo que me gusta o de lo que quiero, son los datos de un perfil, el mío, que ha sido agregado a los perfiles de los demás lectores del libro, y todo aquello que recibo de vuelta son clichés concebidos para atraer, desde un punto de vista estadístico y masivo, mi atención. Se pone en marcha un bucle recursivo donde aquello que me gustó ayer, captado por la web 3.0, va a condicionar lo que se me va a ofrecer mañana. En esto consiste la famosa «cámara de ecos» de que se habla hoy a propósito de Donald Trump o el *Brexit*. Nos encerramos en el mundo de aquellas personas que se guían por los mismos estereotipos que nosotros mismos. De esta forma, lo escandaloso, la política incendiaria de Trump, por ejemplo, que dice cosas polémicas y encoleriza a la gente, es lo que recibe respuestas más rápidas y es capaz de captar una inversión atencional mayor. Ahí hay algo, ligado tanto a las tecnologías como al capitalismo, que me parece un problema real.

Extractivismo y ecología de la atención

Entonces, la crisis de la atención no tendría tanto que ver con la dispersión, que es de lo que nos solemos quejar, sino que el problema sería más bien el contrario: una homogeneización, una estandarización, una homologación de la atención. ¿No es así?

Sí. El problema de hoy tiene que ver con que hay demasiada concentración. ¿En qué sentido? Retomemos la cuestión del capitalismo, pero desde otro punto de vista. Diría que el capitalismo de hoy en su forma financiera, neoliberal, es el alineamiento de todas nuestras atenciones en torno a una única prioridad, un único criterio, que sería, en último término, la maximización del beneficio financiero, la acumulación de capital. El objetivo que se nos impone, de forma clara unas veces y otras de manera indirecta y muy desviada, me parece que es éste. Todos debemos participar en la competición generalizada.

Yo enseño en una universidad en Francia. Allí, como en España, las tasas universitarias son muy bajas (a diferencia de lo que pasa en Estados Unidos, donde hay que pagar 50.000 dólares para hacer un año de universidad), porque es el Estado el que paga la universidad. Por lo tanto, mi trabajo no está financiado por el capitalismo, sino por los impuestos y otras instancias. Y sin embargo, en mi universidad, al igual que sucede en muchas otras universidades del planeta, se nos somete a reglas contables y administrativas que han sido importadas de las empresas, reglas de *management* que en último término se basan en un modelo competitivo, en la rentabilidad y el beneficio; aunque no sea mi caso en concreto, se nos impone un mismo alineamiento en torno a principios de competencia y de optimización o maximización. En este marco nos encontramos en un tipo de sociedad que podríamos llamar *totalitario* —aunque no me gusta este término tan drástico— en el sentido de que existe una finalidad única que le viene impuesta a todo el mundo. Rebelarse, dentro de este marco, es *estar distraído*.

Si miramos nuestro período histórico con un poco de distancia, bien podríamos decir que este principio del siglo XXI es la época en la que los españoles, los franceses o los estadounidenses se obsesionaron, se concentraron de forma maniática en una figura que es la del Producto Interior Bruto. Los discursos políticos que provienen de las esferas gubernamentales hablan siempre del crecimiento, de la actividad económica: la competencia con China, la productividad, etc. Esto quiere decir que nuestra atención está concentrada, *alineada* en torno a una única cosa que es el beneficio capitalista o el PIB. Distraerse con respecto a esto, es decir, apartarse de esta focalización y mirar más allá de ella, entronca con una dimensión *ecologista* de la política: el medioambiente es más importante que el beneficio. Puede ser el medioambiente social, el biológico (preocupado por la pérdida de la biodiversidad), el climático, etc. Pero es algo que pone en tela de juicio, de manera fundamental, la noción de *extractivismo*.

Hay recursos naturales, como el petróleo, el carbón o el oro, que han tardado millones y millones de años en acumularse, y que extraemos en algunos decenios, los quemamos y los consumimos. El extractivismo tiene que ver con esta falta de cuidado y preocupación por la capacidad de renovación de los recursos. En segundo lugar, hay también una falta de preocupación con respecto a las consecuencias lejanas de lo que se hace: quemo petróleo, cambio el clima, pero no me interesa, no pienso en ello, sigo haciendo lo mismo.

Pues bien: ¿qué es lo que hacen Google, Facebook, Amazon? Lo mismo, ellos también hacen extractivismo, pero no sobre el petróleo, sino sobre nuestra atención. Utilizan nuestros recursos atencionales para extraer un beneficio y poco les importa si votamos a Bush, a Trump, si nos convertimos todos en fascistas, no es su problema. Son extractivistas: utilizan nuestros recursos, sin importarles si son o no renovables, y sin considerar las consecuencias desastrosas de esa utilización.

¿Cuál sería la oposición al extractivismo? Consiste en prestar atención a la ecología. Atender al medioambiente quiere decir no dejarse obsesionar por el PIB ni por las figuras de las finanzas o de la economía, sino prestar atención a lo que hay detrás, al *background*. ¿Qué debemos hacer hoy para evitar un colapso de nuestras formas de vida? Debemos estar atentos al medio, al entorno como tal. Si la atención se define por extraer cantidades, cifras o reglas científicas de los objetos que veo en el entorno, hemos de aprender a prestar atención al resto de las cosas, esto es, a todo lo que hay detrás de las cosas. ¿Qué pasa cuando extraigo petróleo y lo quemo? Me topo con el clima, las nubes y la temperatura, todas las cosas a las que no estaba prestando atención. La ecología de la atención, por lo tanto, quiere decir combatir el extractivismo en la utilización de los recursos naturales y en la explotación de nuestros recursos mentales, tratando de mirar de otra manera, prestando atención al *background*, al trasfondo, a lo que nos sostiene. Esto es difícil, es una cultura nueva que debemos aprender.

Me gustaría hacer una precisión, una corrección a lo que acabo de decir: esta atención al trasfondo, digo que tenemos que acostumbrarnos a ponerla, pero lo cierto es que siempre lo hemos hecho. Pero no lo advertimos. Hay un texto muy bello de Walter Benjamin, escrito en la década de 1930, donde Benjamin, junto con Siegfrid Kracauer, hace una especie de elogio de la distracción, *La obra de arte en la época de su reproductibilidad técnica.* Benjamin dice que hay dos tipos de atención. Por un lado, está la *atención óptica* (cuando vas al museo y te concentras en un cuadro; o en la lectura atenta, dentro de los estudios literarios), pero, por otro lado, existe también una *atención arquitectónica*, espacial, que es la que nos permite no chocar con los objetos cuando vamos por ahí. Incluso aunque vayamos discutiendo acaloradamente con un amigo mientras caminamos, somos conscientes de que atravesamos una puerta y la abrimos al pasar sin apenas darnos cuenta. Es una forma imperceptible de prestar atención. Casi podríamos decir: de alguna manera estamos atentos cuando vamos distraídos. Esta atención al *background*, por lo tanto, es vital y siempre nos acompaña; el problema es que queda en segundo plano, pues apenas somos conscientes de ella.

¿Qué es lo que representa en ciertas sociedades esta atención al trasfondo? La religión o las afirmaciones del chamán, toda una serie de cosas que la modernidad ha reprimido o despreciado, pero que eran una vía a través de la cual ese trasfondo se manifestaba en nosotros. La ecología de la atención consiste en prestar atención al trasfondo, pero no lo hacemos porque estamos obsesionados con el PIB y las cifras de la economía. Hemos perdido la atención medioambiental, cómo nos comportamos ante los árboles, los animales, la meteorología, etc.

Singularizar, contra los estereotipos

¿Qué autores te han parecido más útiles para repensar la facultad de la atención? Ahora citaste a Walter Benjamin, pero en tu libro también hay un acercamiento a Paul Valéry, a Simone Weil, etc. ¿Cómo ha sido tu elaboración de una idea propia de la atención a partir de esos textos filosóficos que frecuentaste?

La atención es una noción muy difícil de definir. Hay un filósofo pragmático estadounidense llamado William James, que es un clásico en la materia. Él opone la atención a la distracción. Yo en cambio prefiero pensar la atención más como un *interfaz*, una noción que proviene de la esfera digital: la idea de que alguien debe diseñar un interfaz para que yo pueda entrar en relación con las capacidades de computación de la máquina. Para mí la atención es, precisamente, el conjunto de modalidades de interfaz que existen entre mi sistema nervioso y el entorno. Entre estos modos de interfaz está la concentración, pero también la atención arquitectónica de Walter Benjamin o la misma distracción Por lo tanto, la definición más vasta de atención es la menos «mutilante», la menos tramposa. Consiste en decir que la atención está constituida por todo lo que funciona como interfaz entre mi sistema nervioso y los datos sensoriales que pueden proceder del entorno, de la presencia, de los libros, etc. Es una noción vaga, pero por ello mismo puede valer.

A continuación, podemos definir tipos diferentes de atención, y ahí es donde hay varios filósofos que tienen interés porque cada uno nos aporta cosas diferentes. Hay una corriente filosófica que me gusta mucho que es la fenomenología, especialmente Husserl y una filósofa francesa que se llama Natalie Depraz, que ha escrito un libro muy bello, *Attention et vigilance*. Depraz construye todo un modelo para decirnos que la atención es un momento de suspensión en la categorización de las formaciones que yo percibo en el mundo. Es decir que cuando observo, cuando actúo en un determinado momento, dedico un tiempo a categorizar las cosas a mi alrededor: esto es un teléfono, esto es un vaso, esto es un lápiz, etc. Así, si tengo sed, agarro el vaso; si quiero escribir, el lápiz, etc. Normalmente, si he venido a dar una conferencia sobre el capitalismo, no voy a fijarme en el hecho de que en el fondo del vaso que tengo enfrente hay escrito una letra «H». Esto es, no voy a suspender mi categorización («sí, es un vaso») para fijarme en algo que me sorprende («¿por qué lleva marcada una "H"?»). Si lo hago, estaré pasando a otra categoría: del vaso a la letra «H». Acabo de hacer una *singularización*: es decir, ya no se trata de «un vaso», sino de un vaso con una singularidad que me ha llamado la atención. Esto supone una suspensión de la categorización. El vaso, que normalmente queda reducido a una función —beber agua—, ahora es un poco como una obra de arte, porque cuando identificamos objetos pintados en cuadros (un árbol, una Madonna, etc.), esa mera identificación no es lo que constituye la experiencia estética de la visita al museo. Ante un cuadro, justamente, lo que hacemos es suspender la categorización de los objetos representados en él, para, si tenemos suerte (porque las verdaderas experiencias atencionales son muy raras), observar (o escuchar, o saborear, etc.) hasta que nuestra categoría se ve transformada, refinada, partida en dos.

La experiencia de los estudios literarios que os mencionaba al principio consiste precisamente en esto: leemos un texto y creemos haberlo entendido a primera vista, pero, en lugar de pasar al texto siguiente, nos detenemos. Suspendemos aquello que creemos haber entendido y descubrimos otras cosas en ese mismo texto, también en nuestro pensamiento. Descubrimos, por ejemplo, que aquello que creíamos que era una traición, una cobardía o una vileza, respondía a una buena razón; que quizá me precipité al clasificar al perpetrador como un criminal o un terrorista —o quizá no, pero que también había otras cosas que considerar—. Ahí es donde el tema se pone interesante. Se trata de una cierta experiencia fenomenológica que aplica categorías mientras se da a sí misma el tiempo y los medios para modificar dichas categorías. Ésta sería, por tanto, la definición de atención que propone Natalie Depraz.

Jean-Marie Schaeffer, que ha escrito un libro sobre la experiencia estética, habla de un *retraso* en la categorización: hay atención estética cuando hay un aplazamiento de la categorización (sabes que es un vaso, pero dices: «no sé lo que es»). El cliché me dice esto pero suspendo ese juicio y singularizo el objeto: ése es el gesto estético por excelencia. Y al singularizar el objeto me singularizo a mí mismo, porque soy el único en interesarme por este objeto en particular. Me singularizo al singularizar mi percepción. Ésta sería una definición de la atención; hay otras muchas que trato de abarcar en el libro.

Aprender a desviar la atención

Podemos entrar ahora en un terreno más propositivo. Hablas de fugas de la atención: «Más interesante que criticar algo es poner la atención en otro sitio», dices. Nos pasamos la vida criticando cosas, pero la crítica no deja de ser una manera de poner la atención en lo criticado. Citas a la actriz Mae West: «Crítica o alabanza, lo importante es que se hable de mí». La crítica sigue poniendo la atención en la cosa criticada. ¿Cómo desviar la atención? ¿Hay sabotajes posibles de la economía de la atención? ¿Es concebible una «huelga de la atención»?

Antes que nada, quería partir de la cita de Mae West, esa idea de que «no hay publicidad mala». Me parece muy importante insistir en que, hoy en día, si no nos gusta algo, cuando lo criticamos y dedicamos tiempo a decir lo malo que es, ya lo estamos homenajeando y, de alguna manera, alimentando. Yo escribí un libro sobre esto antes de que Trump fuera elegido, pero me parece que el fenómeno Trump lo ilustra a la perfección: resulta que el *New York Times* y el mundo intelectual —y no intelectual— de Estados Unidos lleva meses y meses dedicado a destruir la imagen de Trump con todo tipo de burlas y críticas, pero esas críticas y esas burlas han alimentado su ascenso de modo paradójico. Ahí me parece que hay, por lo tanto, una lección muy importante que extraer: *desconfiemos de la crítica.* Es verdad que es muy importante recelar de ciertas cosas, aislarlas en tanto que peligrosas, pero al criticarlas abiertamente atraemos la atención sobre el hecho de que son malas, cosa que, aunque pueda ser necesario, a menudo sirve, aunque parezca mentira, para reforzarlas. Por lo tanto, ante lo que detestamos, hablemos mejor de algo que amamos y que rivaliza con ello: algo de lo que, justamente, no se habla lo suficiente porque nos pasamos el tiempo hablando de lo que detestamos. Esto ya sería un primer gesto muy importante.

Luego me gustaría decir que la atención es a un tiempo la primera fuente de nuestra libertad y el punto último de nuestra alienación. Si reflexionamos sobre la atención, veremos que podemos hablar indistintamente de alienación o de libertad sin apenas darnos cuenta. Es una frontera complicada. Gilles Deleuze, por ejemplo, hablaba a la vez de cine y de la filosofía de Spinoza, y venía a decir que eran un poco lo mismo. ¿Qué sucede cuando vas a ver una película? Sucede que *alienas* tu atención, porque te metes en una cámara oscura donde se proyectan imágenes y sonidos y, si la película funciona, tu atención es captada por esas imágenes y esos sonidos. Por lo tanto, tú ya no tienes el control, sino que te sometes a alguien o a algo que toma el control de tu atención. Y decía Deleuze que, de forma análoga, en la ética de Spinoza, si aceptamos sus axiomas, ya no somos libres de encadenar un pensamiento diferente al suyo, toda vez que en su *Ética* hace una serie de proposiciones que son consecuencia las unas de las otras. Spinoza toma el control de nuestra razón y nos fuerza a pensar en una determinada dirección. Podríamos concluir que ésta es la peor de las alineaciones, pero es justo al revés. Deleuze dice: Spinoza nos hace libres. Y una buena película, si es verdaderamente buena, aliena nuestra atención para *emanciparnos.* Por lo tanto, resulta muy difícil saber hasta qué punto somos o no libres cuando prestamos atención a algo.

Atención convergente, aquí y ahora

Te queríamos pedir que desarrollases la reflexión sobre el carácter co-lectivo de la atención, de la atención como bien común.

Hay un libro muy interesante de un autor estadounidense que se lla-ma Matthew B. Crawford, *Contact*, donde se describe el contraste, en un aeropuerto, entre la sala de la clase *business* y la de los viajeros de la clase turista. ¿Qué pasa cuando esperas el avión en clase turis-ta? Pues que tienes enfrente unas pantallas que difunden la CNN de manera bastante machacona. Si te cuentas entre los «pobres» se te somete a un entorno que trata de captar tu atención mediante la pu-blicidad, las noticias, etc. En cambio, si estás entre los privilegiados, te sientas en una sala *business* donde reina la calma, en la pared hay tal vez un cuadro pero no pantallas que te bombardeen con conte-nidos. Por lo tanto, esta libertad de atender no es una libertad abso-luta, sino una libertad que se inscribe en las relaciones sociales, de clase, de explotación, de opresión.

Si tratamos de identificar una libertad —una ética, por lo tan-to— de la atención, hay que pensarla en términos de *entorno*, de eco-logía. Individualmente, pero sobre todo como colectivo, se trataría de retomar el control de los entornos de estimulación que determi-nan nuestra atención. Por ejemplo, durante una temporada he im-partido clases en la ciudad francesa de Grenoble. Allí gobierna la iz-quierda y los ecologistas, el alcalde es verde. Una de las primeras cosas que ha hecho este alcalde es reducir la publicidad en los espa-cios públicos de la ciudad. Ahí tenemos un deber político: combatir este cáncer atencional que representa la publicidad. Yo, cuando oigo un anuncio en la radio, la apago inmediatamente. Esto es algo que uno puede hacer individualmente pero no resulta práctico. Es nece-sario, por lo tanto, *hacerlo a nivel colectivo, a través de leyes.*

Por lo tanto, al decidir qué leyes debemos hacer contra ciertos tipos de publicidad, qué leyes van a organizar nuestro entorno común, social, visual o urbanístico, lo que pretendemos, justamente, es darnos a nosotros mismos entornos atencionales que no nos bombardeen como a la clase turista de un aeropuerto, sino que nos ofrezcan los «lujos» de que disfrutan los que viajan en *business*: poder leer un libro, reflexionar, etc.

Queríamos referirnos, por último, a otra de las cosas que has mencionado, pero que ha quedado pendiente de desarrollar: la cuestión de la presencia, del cuerpo, de lo físico, la importancia que tiene todo esto dentro de la noción de otra práctica de la atención relacional o ecológica. ¿Qué plus aporta el cuerpo y la presencia a esta otra concepción y práctica de la atención? Volviendo al ejemplo de tus clases, ¿es lo mismo una clase online que una presencial?

En el terreno de la cultura hay toda una serie de prácticas artísticas contemporáneas que podemos poner bajo la rúbrica de «arte de la atención». De lo que se trata es de poner en valor la presencia, algo cada vez más escaso. Para que suceda una singularización de la atención debe darse un encuentro de cuerpos, y para ello hay que estar y hacer presencia, en un aula, una sala de museo, un teatro, la calle, etc. Ahí hay una categoría, que es importante en el terreno de la psicología de la atención, que es la de «atención convergente».

El nivel más general de atención es el de los dispositivos mediáticos. En este nivel entran la televisión, la radio, Facebook y demás. El segundo nivel atencional sería el de la atención organizativa: si tenemos un trabajo, hay un jefe que nos dice lo que tenemos que hacer y que dirigirá nuestra atención; los humanos, en definitiva, nos organizamos jerárquicamente de modo que los de arriba dirigen la atención de los de abajo. Y el tercer nivel sería el de la atención convergente. Es el tipo de atención que prestamos aquí, en este preciso instante, cuando estamos de cuerpo presente, *here and now*; hay algo absolutamente único que sucede cuando los cuerpos se encuentran aquí y ahora.

Cuando hablo, lo que digo está relacionado con la atención que me estáis prestando. Si vuestra mirada estuviera perdida, o estuvierais ocupados con el móvil, yo no estaría hablando o, en todo caso, no lo haría de la misma manera. Yo, aquí y ahora, soy el resultado de vuestra atención, la atención de unos cuerpos humanos que me escuchan y observan. Eso es la atención convergente. Esta atención necesita un espacio físico. Podemos aprender muchas cosas desde una pantalla, a través de libros, de películas, eso es fabuloso. Pero hay algo esencial en la experiencia educativa, de lo que no podemos prescindir en absoluto, que tiene que ver con esta *reciprocidad de la atención*.

Hay un psicoanalista estadounidense llamado Daniel Stern que escribió una serie de libros, sobre todo en la década de 1980, donde habla del «afinamiento de los afectos» (como si hablara de un instrumento musical). Stern describe lo que sucede entre la madre y el recién nacido. Aunque el bebé no puede hablar, se están produciendo toda una serie de cosas extremadamente sutiles que no entendemos en absoluto, pero que tienen lugar a través de la presencia del bebé y de su madre, de la interacción entre ambos. Nos damos cuenta de que, hacia los 12 o 18 meses (no lo recuerdo bien), el bebé se vuelve consciente del hecho de si la madre le está prestando atención a él o a otra persona. En general, es lo que hacemos todos: si mientras esperamos para cruzar una calle uno mira hacia un lado, todos vamos a mirar hacia ese lado. Por lo tanto, nos conducimos en el mundo a partir de la atención de los otros seres humanos. Hacemos todo esto a partir de señales de las que apenas somos conscientes: rostros, miradas, ceños..., que son muy sutiles. Son los signos que, por ejemplo, nos permiten discernir las amenazas de las aproximaciones amistosas. Y todo esto pasa, como decía, por la atención convergente, que creo que es verdaderamente necesaria para la socialización de los humanos —no sólo de los bebés, sino de los niños en clase y de todos nosotros—. Después de la atención convergente, y sólo después, viene la atención individual: la mía con un libro, etc.

Una de las cosas que me frustran cuando oigo hablar de la atención es que normalmente sólo se hace referencia a la atención individual y apenas se mencionan las diferentes capas atencionales. La cuestión de la presencia tiene que ver con esto. Las singularizaciones recíprocas —amor y cariño— se dan porque los cuerpos se encuentran.

Capitalismo y atención: prohibido esperar
Santiago Alba Rico

¿Qué podemos medir con los cuerpos?

Hay cosas a las que no se puede prestar atención: las que van demasiado deprisa, las que van demasiado despacio, las que están demasiado lejos, las que están detrás de nosotros, las que son demasiado grandes, las que son demasiado pequeñas. Los humanos podemos prestar atención tan sólo a las cosas que comparecen a escala antropométrica o, lo que es lo mismo, a la medida de nuestros cuerpos. ¿Qué ocurre hoy «a la medida de nuestros cuerpos»? Mucho me temo que la escala antropométrica ha sido abolida o, al menos, marginada de nuestras vidas, y ello no mediante los instrumentos de una ciencia que, más allá de nuestras narices, puede medir venturosamente la velocidad de la luz, reconstruir la formación de las montañas, alcanzar los confines del universo o desenredar un ADN. Eso es bueno y deseable. Tampoco ha sido abolida por el regreso de Dios o por el triunfo social de la imaginación y sus solidaridades remotas. La escala antropométrica —la escala de la atención— ha sido socialmente abolida por un capitalismo altamente tecnologizado que deshace los cuerpos y sus vínculos por dos vías simultáneas: convirtiéndolos en imágenes y convirtiéndolos en sistemas (como diría Iván Illich). Es decir, imprimiéndoles velocidad o despojándolos de unidad.

Lo que estamos perdiendo, en definitiva, es la *hypomoné*, término griego que la filósofa, militante y mística Simone Weil traducía como un estado de «espera atenta»: mientras esperamos (el metro, a nuestro novio o la salvación) prestamos atención al mundo y sus objetos. El capitalismo postindustrial ha prohibido materialmente la *hypomoné*, no permite las esperas y nos coloca siempre, por tanto, fuera del umbral de la atención. Ha prohibido, por así decirlo, el aburrimiento, que es (parafraseando a un gran autor barbudo) «la verdadera fuente de toda riqueza».

Hypomoné es un concepto de raíz teológica que los diccionarios especializados suelen traducir como «paciencia» o, en un sentido más proactivo, como «perseverancia». Simone Weil (1909-1943), de origen judío, se fue acercando al cristianismo, como sabemos, en los últimos años de su vida y, aunque nunca llegó a bautizarse, escribió largamente sobre sus convicciones religiosas en *Los cuadernos de Nueva York, A la espera de Dios* o *La gravedad y la gracia*. En estos textos, la militante anarquista que participó brevemente en la guerra civil española, vuelve una y otra vez sobre la necesidad de la «atención», que ella opone a la «voluntad», en cuanto que camino de salvación al mismo tiempo personal y cósmica: salvación del alma, digamos, y salvación del mundo. Fina helenista, lectora en griego de los grandes clásicos, Weil prefiere hurgar en la memoria antigua y proponer una traducción muy precisa y muy bonita del término *hypomoné*, que a su juicio integraría dos actitudes convergentes en una posición prospectiva del cuerpo: la espera y la atención. Es verdad que en francés (*attendre*) e italiano (*attendere*) estas dos acepciones se confunden, pero a Weil le interesa esta unión que parece perderse precisamente allí donde están ya soldadas desde el principio. En castellano, en cambio, las encontramos separadas; por un lado esperamos, por otro «atendemos» o prestamos atención, aunque basta evocar su etimología para reunir de nuevo los dos aspectos: el sujeto que se mantiene atento «tiende el espíritu hacia» la concreción del mundo. La *hypomoné* o «espera atenta» sugiere esta idea de tensión hacia un objeto que aún no ha llegado hasta nosotros o que todavía dura —sigue durando— frente a nosotros.

¿Qué es, pues, la «atención»? ¿Qué es la «espera atenta»? Una decisión. ¿Cuál? La de poner el objeto allí donde no puedo comérmelo: lejos en el tiempo y lejos en el espacio. O de otra manera: la decisión de aguardar el objeto si aún no ha llegado y de renunciar a destruirlo si ha llegado ya. Lo que cuenta aquí, en todo caso, es la distancia. Lo que viene hacia nosotros viene desde otra parte; puede que ni siquiera haya despuntado aún en el horizonte y, si lo ha hecho, va cobrando forma tan lentamente que su gestación duradera, a medida que se aproxima, parece siempre a punto de malograrse; aunque de hecho sabemos que sólo nuestra impaciencia, como en el caso de Orfeo y Eurídice, puede abortar su comparecencia. En cuanto al objeto ya llegado, es necesario mantenerlo a esa distancia difícil en la que podemos todavía mirarlo, por mucho que nuestro deseo sea el de suprimir el espacio interpuesto y abrazarlo. «El gran drama de la vida humana», dice precisamente Weil, «es que mirar y comer sean dos operaciones distintas». Puesto que la boca está debajo de los ojos, no podemos comernos el objeto amado sin dejar de mirarlo; y —al revés— no podemos seguir mirando el objeto amado sin renunciar a comérnoslo (de ahí que los amantes, resignados a esta fatal ley sublunar, alternen besos y miradas: deja que te bese, deja que te mire). La atención exige esta renuncia alimenticia, este doloroso ascetismo en virtud del cual aceptamos privarnos de un placer para sostener la existencia del objeto, fuente de un placer mayor —que reclama por eso, a empujones, uno menor—. Así que la *hypomoné* tiene que ver, por tanto, con una ontología del «aún» o del «todavía». Decimos: «aún» no ha llegado. Decimos: «aún» dura. Lo contrario de esta ontología durativa es la necrología del «ya». Siempre comemos en un «ya». Siempre nos comemos un «ya». Entre las tres manzanitas del Tintoretto, las primeras del mundo, cuya inalcanzabilidad llamamos belleza, y la manzana que devoramos a mordiscos con hambre irreprimible hay un abismo: pasamos abruptamente del «aún» de la duración al «ya» de la destrucción. Uno no se cansa de mirar esas manzanas pintadas; uno no puede volverse a comer una manzana mordida. El mundo como orden es un «aún». O lo era. Porque, como veremos, el capitalismo no distingue entre «cosas de comer» y «cosas de mirar» y sumerge todas las criaturas en la «necrología del ya». El mundo es hoy un barquillo, un cacahuete, una aceituna sin hueso. Un buñuelo de aire hueco.

Espera atenta, pues. «Aún no ha llegado» es la espera. ¿Y Marta? ¿Y el amor? ¿Y la revolución? ¿Y las jacarandas en flor? Aún no han llegado, respondemos.

Este «aún» de la espera atenta tiene que ver también, por eso mismo, con la «sorpresa». No se trata únicamente de que haya ciertas cosas de las que no podemos saber cuándo —y si— llegarán, sino que de otras, las más decisivas, sólo podemos decir que las estábamos esperando una vez han llegado. No sabíamos que esperábamos esa mujer o ese crepúsculo o ese bosque de hayas (y de ahí la cursi y convencional declaración de amor: «llevaba esperándote toda la vida»). Su llegada nombra y cierra una espera. Hay cosas, sí, en favor de la cuales lo único que se puede hacer es esperarlas: el amanecer y la puesta de sol, el nacimiento del hijo, la aparición del paisaje. Recuerdo el valle de Azpirotz, en Navarra, una mañana de otoño, con los jirones de niebla trepando desde el valle, velando y revelando los árboles rojos. Yo no había encargado ese rojo ni había hecho nada para obtener o merecer esa luz imposible. Eso también es «aún»: lo que no hemos preparado nosotros, lo que no podemos prever, lo que hay que esperar sin tener jamás la seguridad de que vaya a producirse o repetirse. La naturaleza ha preparado durante todo un año —quizás durante siglos— este minuto de fragilísima gracia. Eso es lo que llamamos «datos» —«lo dado»—, lo que no podemos ni componer ni reproducir ni predecir: sólo esperarlo (o ni siquiera eso, pues no se espera un milagro: nos deslumbra y maravilla). Es lo contrario de las nuevas tecnologías, gracias a las cuales podemos repetir cualquier experiencia, una y otra vez, sin necesidad de paciencia ni atención. Al desterrar la espera de nuestra vida cotidiana hemos desterrado en realidad el mundo como no-voluntad, como lo siempre ya dado, como «dato» anterior a nuestros deseo o a nuestra intervención.

La contingencia, en efecto, es la ley de la espera, entendida —si fuésemos teólogos— al modo de Simone Weil o Iván Illich: como el reconocimiento de un mundo en el que ocurren cosas que nosotros no hemos decidido, un mundo que no está en nuestras manos, un mundo —si se quiere— que está en manos de un dios desconocido cuyo favor no siempre podemos granjearnos. Por eso es tan perspicaz la insistencia de Weil en oponer «atención» a «voluntad». La atención puede y debe ser un esfuerzo, como es un esfuerzo sostenerle la mirada al ser amado; o retener la belleza en la memoria para que no se escape por el desagüe. Pero no es «voluntad». En *La gravedad y la gracia*, en el parágrafo titulado precisamente «La voluntad y la atención», Weil escribe: «Hay que tratar de enmendar los errores por medio de la atención, y no por medio de la voluntad». Y en «A la espera de Dios» repite más claramente la idea: «El esfuerzo por el que el alma se salva se asemeja al esfuerzo por el que se mira, por el que se escucha, por el que una novia dice sí. Es un acto de atención y consentimiento. Por el contrario, lo que suele llamarse voluntad es algo análogo al esfuerzo muscular». Un mundo gobernado por la contingencia sólo puede ser salvado por la atención. Esta oposición binaria es hoy más evidente que nunca bajo un capitalismo consumista altamente tecnologizado cuya ideología reproductiva pivota sobre la «voluntad» como negación de toda contingencia; podemos repetir los objetos —y sus imágenes— «a voluntad», y de cada voluntad y sólo de ella, según la etología neoliberal, depende la salvación individual en el mercado.

«Aún no ha llegado», decíamos, es la espera. «Aún dura» es la atención. ¿Y Marta? ¿Y el amor? ¿Y la amistad? ¿Y la montaña? Aún duran. Ésa es la razón de que Weil pueda identificar la salvación con la mirada. Las cosas duran porque hemos renunciado a comérnoslas, cuando hemos renunciado a comérnoslas: la mirada es enemiga de los dientes. Esa duración atañe fundamentalmente a esa forma de mirar que llamamos «cuidado». La relación entre el amor y la belleza, en efecto, se inscribe en este poner cuidado en la duración: «Basta mirar un objeto largamente para que se vuelva interesante», decía Gustave Flaubert. Para que se vuelva, aún más, imprescindible. De esta duración de la mirada (en sentido lato), de esta duración del objeto *en* la mirada, de esta cuidadosa retención del mundo en el espacio procede el «valor» de los objetos y de los cuerpos. Lo he explicado muchas veces utilizando la fórmula de Marx, para el cual una mercancía vale tanto como trabajo se ha invertido en su producción. Pues bien: en el caso de la vida humana, dejada de la mano de Dios, sacudida por la contingencia, un cuerpo vale tanto como tiempo se ha invertido en esperarlo, en mirarlo, en prestarle atención. Mientras que la voluntad —digamos— es «masculina» y destituyente, la atención es «femenina» y constituyente: provee de valor todo lo que mira. Si nuestra vida, sometida al aguacero de las contingencias, vale algo, es porque alguien nos ha mirado, al menos una vez, con buenos ojos. Nos ha vuelto «necesarios» a fuerza de mirarnos. La «banalidad del mal» es siempre el resultado de un déficit colectivo de la atención; y si aún nos provoca horror la muerte violenta del otro es menos porque creamos en un Dios manifiestamente impotente para el bien que porque no hay ningún cuerpo en el que no brille tenuemente el valor remoto, primigenio, de la atención ajena.

En los ricos esa atención corrompe. En los pobres se pierde. Todo el mundo mira a los ricos. Nadie mira a los pobres. Por eso es siempre más fácil matar a un pobre; o dejar morir a un pobre. No es raro, por tanto, que Simone Weil (o Iván Illich) aborden la cuestión del «valor» a partir de la parábola del Buen Samaritano. Todos recordamos este pasaje del Evangelio en el que un hombre apaleado y tendido en una zanja es ignorado por todos los que pasan a su lado. Al final, el único que se detiene y se inclina para socorrerlo es un samaritano, el equivalente en el viejo mundo judío de los que es hoy un gitano para los payos o un palestino para los israelíes. Es aleccionador comparar las interpretaciones de Weil y de Illich. La filósofa francesa asocia la atención a esta rehabilitación subitánea del valor de un ser humano previamente desvalorizado por la desgracia: «Los ojos que pasan por allí», dice, «apenas reparan en él y momentos después ni siquiera recuerdan lo que han visto. Sólo uno se detiene y le presta atención. Los actos que siguen no son más que el efecto automático de ese gesto de atención. Esa atención es creadora, pero, en el momento en que se activa, es renunciamiento. Al menos, si la atención es pura. El hombre acepta una merma concentrándose para un gasto de energía que no aumentará su poder, que solamente hará existir otro ser distinto a él, independiente de él». Lo decisivo aquí es el efecto performativo de esa mirada inclinada sobre el dolor. Quizás el samaritano se ha detenido por curiosidad y no por compasión, por aburrimiento y no por piedad: pero «los actos que siguen» —a esta mirada— «son el efecto automático» de la atención, concebida como «creadora» de valor, pero sólo en la medida en que es también «renunciamiento»: el hombre herido comienza a existir de nuevo, cuando parecía definitivamente dejado atrás, hundido para siempre en el silencio intestinal del cero, porque el buen samaritano, al mirarlo largamente, renuncia a tratarlo como a una «cosa de comer». Y por eso, precisamente, cobra valor como una existencia «distinta e independiente». Al contrario de lo que ocurre hoy con la fotografía digital, no se puede mirar a nadie con atención y no salvarlo; de donde debemos deducir que la fotografía digital indiscriminada, usada como suplantación de la experiencia, tiene que ver con el aparato digestivo y no con la mirada. A la cámara del *selfie* le interesa más bien que el judío de la zanja muera ante su cámara, como al glotón le interesa que la manzana, por debajo de sus ojos, desaparezca dentro de su boca. El que fotografía no mira y por eso no salva: «¿te estás muriendo?», «espera, que voy a buscar un poco de agua y una venda». No. «¿Te estás muriendo?», «espera, que voy a buscar mi móvil». Las tecnologías digitales hacen muy difícil la existencia del buen samaritano.

La interpretación de Iván Illich (1926-2002), no menos hermosa, es paralela y complementaria. Para el sacerdote de origen austríaco, tan «anarquista» como Weil, la historia del buen samaritano no da instrucciones morales sobre cómo debo comportarme con mi prójimo sino que responde a una pregunta anterior y más decisiva: la de *quién es mi prójimo*. La respuesta de Illich es contundente: «Mi prójimo es quien yo elijo y no quien *tenga* que elegir». Aquí Illich —cuidado— no está dejando la vida del judío apaleado a merced de una voluntad arbitraria, de un capricho «consumista». Al contrario. La cuestión es ese «tenga». Mi prójimo no es el que pertenece a mi propia etnia, secta o familia, con cuyos miembros tengo un «deber» rutinario y coercitivo de solidaridad y apoyo mutuo. El buen samaritano no ayuda al herido porque «tenga» que hacerlo, obligado por una identidad común o una tradición tribal. Tampoco por un mandamiento abstracto. El herido no es «de los suyos» y además los samaritanos, malos judíos, no creen en la Ley. Entonces, ¿por qué lo hace? «Somos criaturas», dice Illich en sus maravillosas *Conversaciones con David Cailey*, «que sólo encontramos nuestra perfección cuando establecemos una relación y si esta relación puede parecer arbitraria desde el punto de vista de todos los demás es porque la establezco como respuesta a una llamada y no a una categoría (en este caso la llamada desde la zanja del judío apaleado)». Esto significa —añade— «que este "deber" no se reduce y no puede reducirse a una norma. Tiene un *telos*. Va dirigido a un alguien, a *algún cuerpo* (*some body*), pero no es la conclusión de una regla. Cuando hoy la gente trata de ética o de moral, se ha vuelto casi imposible pensar en términos de relaciones y no de reglas». Illich, en definitiva, sostiene que sólo «fuera de estas reglas» impuestas por la tradición o la tribu, sólo contra estas reglas coercitivas exteriores, puedo elegir yo mismo a mi prójimo, que por eso mismo podrá ser, por primera vez, no un griego o un romano o un saduceo o un fariseo sino «cualquier otro»: cualquier otro cuerpo en estado de necesidad. Illich, como Weil, aunque por una vía diferente, deposita el «valor» de la vida humana en la respuesta concreta a la «llamada» de un cuerpo concreto. «Yo decido quién es mi prójimo» quiere decir que no lo decide la sociedad en que vivo; y quiere decir que, mediante esta decisión personal, libre e imprevisible, introduzco en el mundo un universal particular que ya no puede ser ni amenazado ni dañado ni degradado. Esta «decisión arbitraria» es, en realidad, un relámpago de la atención: un rayo salvífico.

La atención, en todo caso, nunca es banal y menos en esta nuestra sociedad capitalista, en la que lo que se ha vuelto completamente banal es, al contrario, la desatención. Por eso Simone Weil, más allá de la «valorización» inmediata de la vida ajena, atribuye a la atención, a cualquier esfuerzo de atención, una enorme potencialidad ética: «Aunque pueda parecer paradójico», dice, «una traducción latina, un problema de geometría, aunque se hayan resuelto mal, siempre que se les haya dedicado el esfuerzo adecuado, pueden proporcionar mayor capacidad de llevar a un desdichado en el momento culminante de su angustia, si algún día se presenta la ocasión de ello, el socorro susceptible de salvarlo». Y añade: «Visto así todo ejercicio escolar se parece a un sacramento». Y también: «Nunca, en ningún caso, un esfuerzo de atención se pierde». Cuando prestamos atención a un niño, a una flor, a un crucigrama, a un guiso lento, al remiendo de un vestido, a un hormiguero, nos estamos preparando —contra el nihilismo siempre acechante— para los momentos de peligro en los que habrá que tomar una decisión moral en sentido fuerte: en los que tendremos que decidir «quién es nuestro prójimo» —si nuestro pariente «alemán» o el desconocido vecino «judío»—, si el que ha elegido siempre ya mi tribu o el que elige mi libertad sin barreras. De otra manera decía lo mismo el escritor inglés D. H. Lawrence cuando se refería a «ese estado que logra cualquier hombre o mujer cuando está ocupado y concentrado en un trabajo que le exige auténtica habilidad, atención o devoción. A eso podemos llamarlo Dios». Weil lo llamaba Dios; Illich lo llamaba Dios. Lawrence lo llamaba Dios. Yo no. Es, en todo caso, la fuente de todo valor y debería tener, por eso, un nombre capaz de sacudir la conciencia de los humanos.

Las cosas —los cuerpos— tienen valor, en definitiva, porque las esperamos y las cuidamos. Así que hablar de un mundo sin tiempo de espera y sin atención es hablar de un mundo sin «aún», un mundo sin «valor». Un mundo de incuria, descuidado, desatento, que pasa por encima de los cuerpos sin darles tiempo para fraguar en la mirada. Es hablar —como insistía el llorado Bernard Stiegler— de capitalismo.

Bajo el capitalismo altamente tecnologizado se han suprimido materialmente, en efecto, tanto la espera como la atención, con las consecuencias que podemos extraer a partir de lo expuesto hasta ahora. No es una cuestión ideológica ni política; no es que quieran «distraernos» para controlar el mundo. Es que hoy el mundo está constituido de tal manera, y a tal velocidad, que esperar nos deja irremediablemente atrás y prestar atención detiene criminalmente el curso industrial de la historia: esperar y atender exigen como condición la existencia de las cosas y su relación antropométrica con el cuerpo, que es esa cosa inesperada y fragilísima desde la que esperamos y contemplamos todas las otras cosas.

Pues bien, el capitalismo altamente tecnologizado hace imposible la *hypomoné* por tres vías simultáneas y concomitantes. La primera es la conversión de todos los objetos en mercancías. La segunda es la conversión, a fuerza de velocidad, de todas las mercancías en imágenes. La tercera la conversión de las imágenes en el eje subjetivo de la experiencia misma.

Mediante la primera conversión se fragiliza el carácter cósico ínsito en la cosa misma, que ahora queda relegado a un segundo plano, como una adherencia o una excrecencia. Como he escrito muchas veces en distintos sitios, la prohibición de la atención y del uso está inscrita en la propia forma mercancía, que no admite esa diferencia que todas las sociedades de la historia han sostenido por igual como matriz de la cultura: la diferencia entre cosas de comer, cosas de usar y cosas de mirar. Nadie mejor que Polanyi, en su indispensable *La gran transformación*, publicada en 1948, ha descrito las consecuencias sociales de este proceso de mercantilización —en sucesivas oleadas— de todos los bienes, universales, generales y colectivos, que hacen sostenible la vida humana en nuestro planeta: Polanyi habla de «la necesidad de proteger al hombre del mercado» a partir de la evidencia de un sistema económico que «destruye las instituciones sociales de los pueblos» y los arroja, sin vínculos ni ropa, al «vacío cultural». Pero proteger al hombre del mercado es proteger las cosas —provistas de memoria, demandantes de cuidado y con fecha de caducidad—, sin las cuales no puede haber relaciones sociales entre los seres humanos. Así que la mercantilización funciona como una guerra estructural contra los objetos que se traduce necesariamente en una guerra a muerte entre los hombres. En términos de «atención», la guerra es lo contrario del amor: no tiene ojos, sólo dientes, y sólo puede concebir los cuerpos como medios, obstáculos o residuos.

Mediante la segunda conversión —la de las mercancías en imágenes— se instituye la velocidad tecnológica como la ley misma del cuerpo occidental. Incapaz de distinguir cosas de comer, cosas de usar y cosas de mirar (las «maravillas» o *mirabilia*, las cosas —literalmente— dignas de ser miradas), el capitalismo las convierte todas por igual en cosas de comer al tiempo que convierte incluso las cosas de comer en imágenes asimismo comestibles. Una vez se ha comido la manzana, el automóvil, la catedral de Orvieto, esta *hybris* sin freno de emergencia pasa a comerse también sus imágenes, cuya paradoja es la de que, mediante esta conversión digestiva, dejan de ser «mirables». De algún modo el capitalismo ha hecho realidad la utopía weiliana que soñaba la posibilidad de que «comer y mirar fueran una misma operación». Ahora comemos también con los ojos, como lo demuestra, una vez más, la experiencia de la guerra y, más concretamente, la del bombardeo aéreo, en la que el piloto del B-52 sólo puede mirar las cosas que va a destruir y *en el momento mismo de destruirlas*. Es decir, «imagen» es aquel ente antinómico que sólo aparece un segundo antes de desaparecer, cuya aparición y desaparición coinciden en el tiempo, cuya existencia misma consiste, mientras la miramos, en no estar ya en el mundo. Se puede mirar —mal— una mercancía, porque las hay de distintas clases, pero nadie puede contemplar su «imagen», salvo como fosforescencia o ausencia instantánea. La cosa —digamos— es disuelta en mercancía, soluble, a su vez, en «imagen». La sociedad humana, reducida a un tumulto, un bullicio, una madeja de imágenes, se vuelve inmirable y, por lo tanto, invivible. Se vuelve, si se quiere, materialmente indiferente.

Mediante la última conversión, en fin, el sujeto mismo de la experiencia queda disuelto en la falta de atención o incuria estructural. El gran viraje histórico del capitalismo en las últimas décadas —que algunos llaman neoliberalismo, pero que estaba ya prefigurado, a

modo de embrión, en el ocio fordista— es el desplazamiento antro-
pológico de la explotación económica: desde el ámbito de la producción al ámbito del tiempo libre, fuente mayor de extracción de beneficio económico a partir de los años 1980. Es lo que el ya citado
Bernard Stiegler ha llamado «proletarización del ocio»: un proceso en virtud del cual, del mismo modo que antes el trabajador había
perdido el control sobre sus medios de producción, ahora pierde también el control sobre sus recursos recreativos. Antes no éramos due-
ños de nuestros instrumentos de trabajo, ahora no lo somos tampoco de nuestros instrumentos de placer. Se trata, sí, de esa conjura
económica contra el aburrimiento que llamamos «industria del entretenimiento», inseparable de la enésima revolución tecnológica
y de las sedicentes «tecnologías de la comunicación». El neurop-
sicólogo Álvaro Bilbao habla del peligro de estas tecnologías en la
formación de los niños, asociándolas tanto a un déficit de atención
como a una dificultad para el autocontrol, y aconseja que los padres
mantengan a sus hijos alejados de ellas durante los primeros seis años
de vida. ¿No tienen ninguna ventaja? Algunas tienen, pero no para
vivir, amar, conservar el mundo. «Hay estudios que dicen que puede aumentar la velocidad de procesamiento», dice Bilbao, «hacer
que se tenga una atención más rápida, pero son pocos, y hay tantos que van en dirección contraria de éstos...». Y añade: «además,
que tengan una atención más rápida no es necesariamente bueno:
para ser pilotos de combate eso puede ser beneficioso, pero hoy en
día lo que piden a los ejecutivos, a las personas mayores, es tener una
atención más calmada, que te permita estar concentrado más tiempo. Y tener una atención más rápida también implica que el niño no
sea capaz de esperar el tiempo suficiente para que aparezcan los estímulos que interesan». «Atención», pues, y «espera» son dos
facultades radicalmente erosionadas por estas tecnologías del ocio,
como han comprendido bien sus propios inventores de Sillicon

Valley, los cuales prohíben a sus hijos los móviles y la educación telemática. Al contrario que en la época dorada del movimiento obrero, cuya explotación se realizaba en lugares antropométricos, las subjetividades se construyen hoy en esta autofagia de la «imagen» comestible, cuyo cierre categorial es el *selfie*. No es que no podamos ya tocar las cosas; no es que estemos posados en ninguna parte; es que no somos ya sujetos de (ninguna) experiencia.

No esperamos y nadie nos espera; no renunciamos a comernos nada, ni a nosotros mismos. Mucha razón tiene Weil cuando dice que el mundo se salvará por la atención y no por la voluntad. O no se salvará. La voluntad tiene zapas, tijeras y sierras; la falta de atención individual y colectiva se lo ha entregado —el mundo— a los que las manejan.

El colapso de la atención en el infocapitalismo: conversación con Franco «Bifo» Berardi

Podemos pensar el pasaje tecnológico hacia la digitalización como una verdadera «mutación antropológica» en los términos de Pier Paolo Pasolini. La misma forma del ser humano está siendo alterada en este cambio epocal: el cuerpo, la sensibilidad, la percepción del tiempo... y también nuestra capacidad de atención. Con toda seguridad, Franco Berardi (*Bifo*) ha sido uno de los primeros autores en desarrollar una reflexión sobre la crisis de la atención en relación a esta transformación, al menos desde su libro *La fábrica de la infelicidad*. Esta conversación entre Franco Berardi y Amador Fernández-Savater tuvo lugar el 15 de julio de 2019.

Fuiste seguramente uno de los primeros autores en desarrollar una reflexión sobre la crisis de la atención en relación al proceso de «mutación antropológica» en marcha con las nuevas tecnologías digitales. La misma forma del ser humano está siendo alterada, dices, en este pasaje tecnológico hacia la digitalización: el cuerpo, la sensibilidad, la percepción del tiempo y también capacidad de atención. ¿Cómo llegaste a este tema de la atención? ¿Cuándo y cómo te empezó a preocupar? ¿Cuál es el marco de coordenadas y referencias en el cual piensas la crisis de la atención en las sociedades contemporáneas?

Intento responder a la pregunta por dos vías. La primera es muy teórica, meramente introductoria: pienso la atención en el interior de la actividad cognitiva en su conjunto, la atención como una dimensión específica de la cognición. Mi referencia aquí es el libro de un autor alemán llamado Ulric Gustav Neisser que se titula *Procesos cognitivos y realidad* (1976). En cierta manera, es una crítica al estructuralismo chomskiano. Neisser viene a decir que la cognición es algo que se presenta naturalmente desestructurado en la mente humana. Habla de «ecología cognitiva»: las facultades cognitivas se definen, se modifican, mutan en relación al ambiente, al entorno en el cual se manifiestan.

Neisser distingue tres niveles generales de la cognición: el primero es la memoria, como historia de la mente, como identidad. Es la facultad cognitiva en la cual arraiga la identidad de la persona. El tercero es el lenguaje, como elaboración cognitiva que permite proyectar un mundo y transformar el que hay. Y entre memoria y lenguaje sitúa la atención. La memoria es el pasado y el lenguaje es creación continua de futuro, cuando hablamos estamos produciendo futuro, cambiando la realidad. La atención es la presencia, la capacidad de *habitar el presente*. Cuando estamos atentos, estamos acá, en el presente.

Placer y deseo

Puede ser una definición algo escolar, pero jugó un papel importante en mi propia elaboración y quería compartirla. Una segunda cuestión que me gustaría plantear aquí es la conexión entre placer y deseo, pensar la atención en el interior de las relaciones entre ambos. Es un tema que me interesa muchísimo. ¿Cuál es el vínculo entre deseo y placer? Es la relación entre estimulación y atención. Hoy vivimos una situación en la cual el placer se nos escapa constantemente, porque el deseo está insertado en una dinámica de estimulación continua. Dicho en corto: el capitalismo es un *sistema de deseo sin placer*. Una discontinuidad del placer, siempre pospuesto, en la continuidad permanente de la estimulación. Es la atención lo que nos permite entender el placer. No hay placer sin atención. No hay placer sin presencia. No hay placer sin ralentización del tiempo. El deseo puede ser muy rápido, pero el placer no. El problema de la atención es el mismo problema del placer: la aceleración del ciclo de estimulación, vinculada con el capitalismo de manera fundamental. Y que aumenta todavía más en el capitalismo virtual que nos estimula todo el rato sin procurarnos placer. Esto una especie de suplicio constante, un verdadero tormento.

Me gustaría que desarrollaras esto: ¿cómo produce el capitalismo esa interferencia constante, esa electrocución de la atención y el placer?

La respuesta está en la asimetría fundamental entre cibertiempo y ciberespacio. Cuando hablamos de ciberespacio, nos referimos a una dimensión que puede expandirse indefinidamente. Lo hemos visto durante los últimos veinticinco años, desde que la red telemática nos ha permitido acelerar el ritmo de estimulación y conocimiento, de trabajo y de consumo. El cibertiempo, sin embargo, no puede acelerarse más allá de un cierto límite. ¿Por qué? Llamo cibertiempo al tiempo necesario para elaborar la experiencia. Esta elaboración puede, por supuesto, acelerarse. Los seres humanos inventamos técnicas o tomamos drogas que aceleran nuestra capacidad de responder a las estimulaciones. Pero no más allá de cierto umbral, porque el cibertiempo *depende finalmente del cuerpo y de la sensibilidad.*

No se trata de algo virtual e infinitamente elástico, sino orgánico y también cultural. Tiene su propia historicidad y requiere sus propios tiempos de elaboración. La afectividad es una dimensión que no puede acelerarse más allá de un cierto punto. Pensemos en las patologías sexuales contemporáneas, en la epidemia de impotencia sexual y el consumo de píldoras para tratar los problemas masculinos de erección. Puede haber casos de impotencia sexual muy específicos, orgánicos. Pero no son la mayoría. Lo demuestra el hecho de que los que están consumiendo más viagra son los jóvenes. ¿Por qué?

En la gran mayoría de casos no es un problema sexual orgánico, sino *un problema de tiempo.* Lo que nos falta es el tiempo de atención. El tiempo de las caricias. Las caricias no se pueden acelerar.

Roberta Tatafiore, feminista italiana, hizo una experiencia muy interesante para un libro llamado *Así hacen todos.* Su experimento fue trabajar durante seis meses como prostituta. Para entender desde la experiencia lo que estaba pasando en ese mundo. Lo que decía es que el problema hoy no es la sexualidad, sino el tiempo. La imposibilidad de ralentizar el tiempo. Había clientes que llegaban y le proponían simplemente charlar, relajar el tiempo. Eso nos dice ya de muchas cosas. El problema sexual fundamental es la ansiedad del acto, la ansiedad de la falta de tiempo, la ansiedad de la falta de atención.

Tempestades de mierda

Me recuerda a ese chiste que contaba Baudrillard sobre la orgía. En medio de una orgía, alguien le dice a otro: «oye, ¿qué haces después?». Se buscaba el clímax, el «gran momento», después, cuando hubiese tiempo para charlar. ¿Cómo entender esta aceleración? ¿Qué está pasando?

Hay que hablar de los avatares de la razón. ¿Qué ha pasado con la razón en el mundo actual? Se ha identificado con el cálculo y la comunicación. Siempre cito un libro de Marshall McLuhan que se llama *Understanding media* (1964). En él, McLuhan explica que cuando el universo de la comunicación, el ciberespacio, la infoesfera, pasa de la dimensión secuencial de la escritura a la dimensión simultánea de la electrónica, el pensamiento humano pasa de la esfera crítica a una nueva esfera mitológica. ¿Qué significa eso?

El pensamiento crítico, la facultad crítica, no es una facultad natural. Los seres humanos no siempre han sido críticos. En el mundo antiguo, en el mundo que llamamos primitivo o salvaje, el pensamiento crítico no era posible porque no existía el instrumento que permitía el tiempo lento del análisis textual. Es la escritura la que introduce el pensamiento humano en la posibilidad de la crítica. Un antropólogo que se llama Jack Goody propone el concepto de «domesticación del pensamiento salvaje». Dice que cuando los seres humanos pueden *escribir*, poner por escrito el pensamiento lógico, entonces puede formarse la crítica. La crítica es una evolución particular del pensamiento lógico: la capacidad de leer secuencialmente y juzgar la verdad o la falsedad de cada enunciado. También de distinguir entre el bien y el mal, decidir si una acción es buena o mala. Para todo ello necesitamos el tiempo propio del pensamiento crítico.

McLuhan afirma que cuando pasemos definitivamente de la dimensión secuencial-crítica a la dimensión de la fluidez, la aceleración electrónica y la simultaneidad, la capacidad crítica desaparecerá del pensamiento humano. Es lo que está ocurriendo ahora, el pasaje que estamos viviendo. Hay un pensador coreano, una especie de Baudrillard de nuestro tiempo, Byung Chul-Han, que ha escrito un libro sobre las «tormentas de mierda» en internet. La *shit-storm* es un concepto fundamental para entender lo que está pasando hoy. Lo que ha permitido a Trump ganar las elecciones. Es la situación en la cual la capacidad crítica queda totalmente cancelada por un bombardeo continuo de informaciones. ¡No son *fake news*! El problema no es la falsedad de la información, que podría corregirse con una buena dosis de crítica. Son estimulaciones nerviosas. Cada información nos golpea, cada publicidad es una estimulación nerviosa.

La aceleración de la infoesfera, entonces, configura una sobreestimulación que puede denominarse *tormenta de mierda*. Una situación en la cual el cerebro se vuelve incapaz de decidir dónde está el bien y dónde está el mal, qué es lo verdadero y qué es lo falso, cuál es nuestro interés y cuál no. ¿Qué está pasando en todo el mundo? ¿Cómo entender esta difusión del fascismo? Es una *tormenta de mier-*

da. ¿Podremos salir de la tormenta de mierda? Es un reto difícil, que implicaría naturalmente una reactivación de la atención.

Hemos pasado de las tempestades de acero, de las que hablaba Jünger en torno a la Primera Guerra Mundial, a las tempestades de mierda actuales. El fascismo vuelve, pero no es el mismo. Pensadores como Walter Benjamin o George Bataille decían que el fascismo clásico hizo alianzas con las fuerzas oscuras que nos atraviesan y habitan. Una alianza con el inconsciente. No creamos, nos dicen ambos, que vamos a combatir el fascismo sólo recurriendo a la razón. La crítica no puede combatir una fuerza del inconsciente. Bataille propone pujar con el fascismo en la construcción de mitos. Y Benjamin propuso por su lado lanzar las fuerzas de la ebriedad y el deseo contra la represión autoritaria. ¿Cuál es tu propuesta, Franco? ¿Se trataría de volver a la razón crítica, restituir la capacidad de discernir lo verdadero de lo falso? ¿O de hacer una nueva alianza con el inconsciente y el deseo?

Ya Adorno y Horkheimer, en el prefacio de la *Dialéctica de la Ilustración,* escriben: «Si la razón no logra entender su lado oscuro, que la misma razón produce, está firmando su sentencia de muerte». En un libro escrito en el año 1942. Antes de nada intentemos entender mejor de qué se trata, qué tipo de fascismo es el que emerge hoy, con qué tipo de inconsciente hace alianza, qué tipo de perversión del deseo manifiesta. ¿Se trata en primer lugar de fascismo? ¿Podemos llamar fascismo a lo que ocurre desde Filipinas hasta Brasil, desde Estados Unidos hasta Inglaterra, pasando por Austria, Inglaterra o España?
   Mi respuesta es no.
   Matteo Salvini cita cotidianamente a Mussolini porque ha entendido muy bien que es una manera de activar una dimensión oscura del inconsciente italiano. Pero el fascismo clásico era un movimiento juvenil. Un movimiento de personas jóvenes, fuertes, sexualmente

agresivas, que se perciben como los portadores de un nuevo futuro de gloria, de conquista, de sumisión de las razas inferiores. El futurismo explica mejor que nada la subjetividad fascista, la dimensión psíquica y estética del fascismo. El desprecio de la mujer, la masculinización de la identidad nacional, la aceleración como valor positivo, la juventud como conquista del futuro. Todo eso ha desaparecido. Cuando los partidarios de la Liga Lombarda de Salvini hablan de comunidad no se refieren a algo que existe de verdad. Su vida no es una vida comunitaria, sino una vida de miseria individual. La nación de la que hablan tampoco existe. La verdadera nación de nuestro tiempo es Google o Facebook. Ya no Italia o Estados Unidos.

El futuro desapareció. Cuando los punk ingleses gritaban *No future!*, creíamos que se trataba de una provocación vanguardista minoritaria un poco loca. Pero la consigna se ha establecido hoy en la conciencia común. Todo el mundo sabe que la precariedad es lo contrario del futuro. La novedad demográfica fundamental en Occidente es que los viejos son más que los jóvenes. El mundo está envejecido y no tenemos las herramientas conceptuales psíquicas culturales para enfrentar el problema. No somos capaces de pensar la impotencia. Impotencia es la palabra clave de hoy. Como potencia era la palabra clave del fascismo del siglo XX. La política actual no puede nada. Podemos votar «no» a la dictadura financiera como hizo el 62% de los griegos en referéndum y al día siguiente Tsipras está obligado a ir a Bruselas a decir «sí, sí, sí». La potencia política ha sido subsumida por el algoritmo financiero. Una abstracción que bloquea la capacidad humana de cambiar las cosas.

Impotencia también sexual. Es la base del racismo. El sentimiento de ser invadidos por los negros. Los negros que hemos explotado, colonizado, matado y humillado durante cinco siglos y que ahora migran. La extrema derecha maneja la teoría de que se está produciendo una «gran sustitución» de la población europea por los mi-

grantes negros, árabes, musulmanes. Culpan de ello a George Soros
y a la izquierda. Por supuesto, Soros y la izquierda no tienen nada
que ver con esta situación. Pero seríamos estúpidos si respondemos que es simplemente una paranoia, una mentira, una teoría de
la conspiración. Es una mentira con un fondo de verdad. La colonización no ha terminado. La mutación demográfica, la mutación técnica-cultural de la comunicación está produciendo un efecto subjetivo que se manifiesta como miedo a la *sustitución*. ¿La sustitución
de qué? Es el concepto mismo de raza el que no tiene base. Arthur de
Gobineau, fundador del racismo moderno, publica en 1887 un libro
que se llama *Ensayo sobre la desigualdad de las razas humanas,* donde afirma que la raza blanca es una raza pura. Entonces hay un peligro, el peligro de la contaminación. Es el concepto de pureza lo que
lleva al racismo y ese racismo conduce al miedo de la invasión. Sólo
mediante una superación del miedo a la contaminación, saliendo de
esa autopercepción de pureza, podremos empezar un proceso de crítica al racismo.

Razón y sensibilidad

Te preguntaba también sobre la relación entre izquierda y deseo, izquierda e inconsciente.

La izquierda nunca ha entendido del todo que la lucha social se desarrolla en muchos niveles. Un nivel es la política, pero no es el único. El inconsciente siempre ha sido un terreno muy importante en
la lucha social, en la lucha de clases. Hay que captar bien la novedad
que supone hoy la impotencia creciente de la política. Maquiavelo,
un autor italiano situado en el comienzo de la modernidad, entendió
de manera muy clara el concepto de política. En *El Príncipe,* su obra
más importante, explica que la política debe dominar a la fortuna. La

política (masculina) debe gobernar a la fortuna (femenina). La fortuna en latín significa la imprevisibilidad de los acontecimientos humanos. Eso es la política moderna: la capacidad, esencialmente masculina, de someter a la fortuna, a la naturaleza cambiante y aleatoria.

Esa capacidad se acabó. Porque la comunicación se ha vuelto tan intensa, tan veloz y tan compleja que la razón no puede controlarla o reducirla. La política es impotente porque no puede reducir la complejidad. ¿Hay que abandonarla entonces? Naturalmente que no. Pero hay que entender que la política tiene una función cada vez más pequeña en el cambio social, que el cambio social está virando a otros niveles de manera esencial y mayoritaria. En primer lugar al nivel de la información y la percepción del mundo. Y en segundo lugar al nivel del inconsciente. Los conceptos de izquierda y derecha pertenecen a la política y tienen una función, pero el verdadero problema es la relación entre deseo y placer. ¿Qué posibilidad tenemos de reconstruir una dimensión de lentitud? Me parece una situación muy preocupante. ¿Saldremos alguna vez de la tormenta de mierda? ¿Podremos escapar a la locura nacionalista, machista y agresiva que está apoderándose de una parte mayoritaria del mundo? No estoy nada seguro...

La razón, desvinculada del cuerpo, se identifica con el cálculo y la comunicación. Quizá su último avatar es la ideología transhumanista que retoma el anhelo faustiano de inmortalidad que se realizaría hoy a través de la digitalización. El cuerpo puede morir, pero nuestro cerebro puede ser trasplantado a otro tipo de estructura. Ese sueño milenario se encuentra hoy con ciertas condiciones técnicas, está en vías de realización posible, según piensan algunos. Es la nueva corriente ecologista, con Greta Thunberg como figura más visible, la que está poniendo encima de la mesa el problema contrario: la extinción.

Son los jóvenes y no los viejos los que están pensando la cuestión de la extinción. El envejecimiento de la humanidad produce un efecto de cercanía a la extinción que tiene que ser elaborado a nivel inconsciente antes que nada. Pero el hombre moderno no tiene capacidad de elaborar la muerte. El sentimiento faustiano que está en el origen de la modernidad ha destrozado nuestra capacidad de pensar la muerte. Pero pensar la muerte es indispensable si queremos repensar la vida. Debemos abordar este problema de manera materialista y encarnada, con un sentido político, con una perspectiva de posibilidad, de probabilidad.

La razón ha perdido el vínculo con la conciencia sensible. Razón, en su sentido profundo, significa *ratio*: medida, capacidad de medir. La capacidad de medir ha sido una dimensión fundamental del capitalismo industrial: medir el valor, medir la plusvalía. Pero por muchas razones estamos saliendo de la dimensión de la conmensurabilidad. La aceleración y la complejidad crean un efecto de inconmensurabilidad. En la globalización ya no hay posibilidad de medir el tiempo de trabajo necesario para la fabricación de las mercancías porque la complejidad de la producción es altísima.

La razón se identifica cada vez más con el algoritmo y, particularmente, con el algoritmo financiero. ¿Qué dicen esencialmente los neoliberales? Pues que la precariedad, la sobreexplotación, la miseria de la mayoría, las privatizaciones son racionales, porque son condiciones de posibilidad del beneficio. Así es la racionalidad financiera. La identificación de la razón con el algoritmo financiero ha producido un efecto de humillación política y psíquica de los trabajadores y de la sociedad en su conjunto. ¿Qué podemos hacer, se preguntan esas mayorías? Podemos vengarnos. Podemos rebelarnos contra la razón. De ahí el irracionalismo, la locura, la agresividad que caracteriza el comportamiento de las masas electorales que votan Trump y demás. No es un resorte político, sino un fenómeno

loco, autodestructivo, masoquista. Algo que pasa a nivel del inconsciente. La rebelión de la extrema derecha es una venganza contra la
razón que se ha vuelto sierva del algoritmo. La palabra «venganza»
debe ser analizada. Humillación, impotencia, venganza. Si queremos entender la política contemporánea, hay que salir del territorio
de la política y ocuparnos de fenómenos psicopatológicos. Menos
geopolítica y más *psico*política.

Segunda cuestión: el problema de la sensibilidad. ¿Qué hacemos con las realidades y las situaciones no racionalizables? Cuando nos enamoramos, cuando realizamos acciones que no se pueden
matematizar. La mayor parte de nuestras acciones no pertenecen a
la esfera de lo matematizable. En esa otra esfera la conciencia sensible es decisiva. Conciencia tal vez es una palabra que suena espiri-
tualista, pero nos entendemos. *La sensibilidad es la capacidad de decidir en el ámbito de lo no racionalizable.* La capacidad de entender lo
que no se dice con palabras. Cuando decimos de alguien que no es
sensible, nos referimos a que no es capaz de captar lo que no se dice
con palabras. Algo del orden del deseo, por ejemplo, o de los climas
afectivos en determinada situación. El capitalismo contemporáneo
está llevando al extremo la inteligencia racional y destruyendo la conciencia sensible. La razón está del lado del beneficio y la conciencia
sensible no. La razón decide que hay que fabricar una bomba con
gran capacidad de destrucción porque nos otorga más poder, pero
la conciencia sensible no acepta esa necesidad. La lógica del capitalismo digital es sustituir toda sensibilidad por la inteligencia racional. Pero la decisión digital no tiene sensibilidad. Posee una enorme
inteligencia para el cálculo, pero ninguna sensibilidad. Y eso nos está
matando.

*Ese divorcio entre razón y sensibilidad nos lleva a la discusión sobre las
figuras del padre y la madre. Ciertos psicoanalistas hablan por ejemplo*

del desplome de la autoridad parental en la actualidad. Los desórdenes subjetivos del presente tendrían que ver para ellos con una caída de la Ley, del límite. La Ley se viene abajo, pero eso no trae la felicidad que prometían los movimientos contraculturales de los años 1960, sino los malestares y los trastornos contemporáneos. Pero la tuya es una interpretación distinta, más relacionada con la ausencia de la madre que del padre.

Ésta es una cuestión central a nivel psicoanalítico, pero también político. Hay un pensamiento que vincula la explosión del cerebro contemporáneo, del cerebro ético y psíquico, a la desintegración de la norma, de la Ley, identificada con la figura paterna. Es un pensamiento de origen lacaniano, pero no sólo. Hay un libro, titulado *Kill all normies* de Angela Nagle, que afirma que el culto a la transgresión ha producido un efecto de explosión del cerebro ético contemporáneo, con el exhibicionismo actual del machismo, el sexismo, la agresividad, etc.

¿Se trataría entonces de restaurar la norma y la autoridad paterna para volver a apuntalar la Ley y los límites? Desde luego no es mi intención defender aquí y ahora la transgresión anárquica antipaternal, hacer un elogio de la ausencia de normas, etc. Pero ¿qué significa restaurar la autoridad del padre? Me parece una petición de principio. ¿Qué significa defender la autoridad y la norma? La policía puede hacerlo. El verdadero problema, desde mi punto de vista, es la conciencia sensible. No como moral normativa, sino como *ética de la sensibilidad*. ¿Y de dónde viene la sensibilidad? De la percepción del cuerpo del otro como tu propio cuerpo. Del sufrimiento del otro como tu propio sufrimiento. A partir de ese sentimiento podemos actuar éticamente. No hay ética sin empatía. Sólo la empatía configura una ética que no sea policíaca y obligatoria.

¿De dónde viene la percepción del cuerpo del otro como prolongación de tu propio cuerpo? De la experiencia del cuerpo de la madre. Tenemos acceso al lenguaje a través de la relación con el cuerpo y la voz de la madre. La voz es un problema importantísimo. Giorgio Agamben dice que la voz es el punto de conjunción entre el sentido y la carne. La voz es fundamental, la vibración de la voz de un ser humano único, singular, que nos introduce al lenguaje. Pero hoy la madre está desapareciendo. La madre no es una figura biológica, puede ser un abuelo o un vecino; es una función de afecto, es la afectividad. El caso es que hay toda una generación que está aprendiendo más palabras de una máquina que de la voz de la madre. Aprendemos el lenguaje a través del afecto de la madre, el lenguaje, y por tanto la relación con el mundo a través del lenguaje, están cargados de afecto. El lenguaje no es principalmente una herramienta, un instrumento, una funcionalidad, un canal, sino aquello que abre el mundo.

Intentamos pensar ahora la dimensión política de lo que estoy diciendo. En torno a este pensamiento lacaniano hay un pensamiento político. Por ejemplo está Jorge Alemán, un pensador argentino interesante que intenta trasladar al campo de la política este concepto del padre en desaparición. Lo que desemboca en un pensamiento del Estado como ley y límite a restituir. Sólo el Estado nacional puede hoy garantizar la ley, el orden, la ética, que los trabajadores estén bien pagados, etc. Yo aún recuerdo los tiempos en que los Estados-nación tenían realmente poder. Los trabajadores no disfrutaban mucho en el trabajo, pero el Estado garantizaba cierta racionalidad de la máquina social: estabilidad en el empleo, derechos, etc. ¿Hay que restaurar entonces el poder del Estado nacional que la globalización debilitó? No lo creo. Hay un campo de entrelazamiento entre el pensamiento soberanista de derecha y el de izquierda. Tengo un amigo muy querido que se llama Carlo Formenti que se ha convertido al pensamiento soberanista: tenemos que restaurar el poder del Estado nacional, dice ahora. En Latinoamérica ese pensamiento está ligado a las figuras de Ernesto Laclau o de Chantal Mouffe. La intención de todos ellos es buena, pero sus propósitos no tienen sentido. ¿Por qué?

En primer lugar, porque no significa nada políticamente. La dimensión global del capital y el trabajo es la única dimensión eficaz hoy en día. La derrota de la izquierda latinoamericana lo muestra muy bien: el fracaso del kirchnerismo en Argentina, del lulismo en Brasil, por no hablar de Venezuela. Experiencias interesantes pero fracasadas porque el Estado nacional no tiene fuerza al interior de la dimensión global de las finanzas. En segundo lugar, porque tiene efectos negativos. También Trump o Salvini quieren restaurar el Estado nacional. ¿Y qué es lo que consiguen? Sólo afirmar un nacionalismo agresivo. Esta restauración del poder nacional sólo desemboca en más represión de los movimientos sociales, de los movimientos migratorios, de todo lo que no encaja en el Estado. No tiene ningún efecto de transformación desde el punto de vista de una nueva ética de la relación social. ¿Cómo podemos actuar a nivel global? No lo sé, pero hay que trabajar en la dirección de una nueva ética de la relación social. Restaurar el poder del Estado nacional me parece una vía muerta.

Comunismo de la atención

Una última pregunta, Franco. Sobre tu balance del comunismo, de la idea de revolución, de la política del siglo XX en definitiva. En la película Comunismo futuro *de Andrea Groppiero dices que una de las debilidades de los movimientos de los años 1960 y 1970 fue pensarse a sí mismos en el marco de la revolución bolchevique de 1917. ¿Pueden desligarse la revolución, el comunismo de la política del Estado, de la voluntad de Estado? Repensar la experiencia comunista como experiencia de lo común, más allá de la razón como cálculo y del individuo como máquina maximizadora de beneficio.*

Si me lo permites quiero contar una historia personal. Una historia personal que no es sólo personal. Esa historia tiene lugar en el año 1977, que desde mi perspectiva fue un año crucial y decisivo, no sólo para mí o para Italia, sino a nivel global. En el año 1977 hubo un movimiento muy radical, novedoso, deseante, creativo. Una verdadera insurrección deseante tuvo lugar entre febrero y marzo en las ciudades italianas. Después vino naturalmente la represión del Estado. Más de trescientas personas entraron en prisión en la ciudad de Bolonia y otras. Todos mis amigos fueron detenidos, yo pude escaparme a París. Desde allí, junto a mi amigo Félix Guattari, montamos una campaña de apoyo para los detenidos. Pero no sólo, también pretendíamos reactivar el movimiento. En julio de 1977 lanzamos una propuesta a todos los compañeros europeos para encontrarnos en Bolonia y hacer allí un congreso internacional. Más de cien mil personas llegaron a Bolonia el 26 de septiembre de 1977. Guattari y yo redactamos la propuesta y el título que pusimos fue el error más terrible de toda mi vida. El título del congreso fue «contra la represión». Llamamos a más de cien mil personas, de todas las ciudades europeas, a hablar... contra la represión.

Con Guattari, que era más mayor y más sabio que yo, hablábamos del deseo, del placer, de la atención, pero cuando llegó el momento convocamos a hablar ¡sobre la represión! Es decir, planteamos un tema no autónomo, un tema subordinado, que ponía la violencia en el centro. El tema del encuentro debió ser el deseo y el futuro. Plantear preguntas como: ¿qué pasará en los próximos diez años? ¿En el próximo siglo? ¿Qué significa el deseo en la era de la tecnología? ¿Cómo es la represión cuando el deseo se desencadena? Sin embargo, convocamos a la gente y le propusimos una discusión completamente necrófila. Dependiente y no autónoma. Me gusta la expresión «comunismo futuro» de la película de Groppiero, pero éste será un comunismo del deseo, del placer, de la atención. Que parta de la dimensión de la autonomía. Autonomía es una palabra clave, pero los autónomos la olvidamos justo en el momento clave. Y así nos derrotamos a nosotros mismos.

Prestar atención
Isabelle Stengers

«Prestar atención», aparentemente, es un saber común. Sabemos prestar atención a todo tipo de cosas, e incluso aquellos que están más ferozmente vinculados con las virtudes de la racionalidad occidental no negarán ese saber a los pueblos que ellos consideran sometidos a supersticiones. Por otra parte, hasta los animales al acecho testimonian esta capacidad...

Y sin embargo, puede decirse igualmente que, a partir del momento en que se trata de lo que se llama «desarrollo» o «crecimiento», la exhortación es sobre todo no prestar atención. Si se trata de lo que gobierna todo el resto, somos intimados a pensar la posibilidad de reparar los daños que son su precio. En otros términos, aunque tenemos mucho más medios para prever y para medir esos daños, nos piden la misma ceguera que atribuimos a esas civilizaciones del pasado que destruyeron el medioambiente del que dependían. Y que lo destruyeron de manera solamente local y, contrariamente a lo que hicimos en un siglo, sin haber explotado hasta el agotamiento «recursos» constituidos en el curso de millones de años de historia terrestre (mucho más tiempo para las napas acuíferas).

Lo que somos intimados a olvidar no es la capacidad de prestar atención, sino el *arte* de prestar atención. Si hay arte, y no solamente capacidad, es porque se trata de aprender y cultivar la atención, es decir, literalmente, *prestar atención*. Prestar en el sentido de que la atención, aquí, no se refiere a lo que es *a priori* definido como digno de atención, sino lo que obliga a imaginar, a consultar, a encarar consecuencias que ponen en juego conexiones entre lo que tenemos la costumbre de considerar como separado. En pocas palabras, prestar atención requiere saber resistir a la tentación de juzgar.

El arte de prestar atención dista de haber sido rehabilitado por el principio de precaución, aunque las protestas de los industriales y de sus aliados científicos dan un anticipo de lo que significaría rehabilitarlo. Cuando se oyen esas protestas que todavía hoy continúan contra ese desdichado principio, uno sólo puede verse embargado por cierto pavor, tanto en virtud del desprecio que expresan respecto de una población definida como dispuesta a tener miedo de todo y de nada, reclamando el «riesgo cero», como en virtud de la buena conciencia de los que protestan, esas cabezas pensantes de la humanidad encargadas de conducir al rebaño humano hacia el progreso. Porque ese principio es aparentemente muy razonable: se limita a afirmar que, para tener en cuenta un riesgo grave o irreversible para la salud o el medioambiente, no es necesario que ese riesgo esté «científicamente probado». En otras palabras, lo que provocó tantas protestas se limita a enunciar que, aunque el riesgo no esté probado, se supone que uno debe prestar atención.

Se necesitaron catástrofes sanitarias y ambientales para que los poderes públicos finalmente se vieran obligados, en Europa, a reconocer la legitimidad de un principio de precaución. El hecho de que científicos de renombre, a pesar de tales catástrofes, hayan podido poner el grito en el cielo invocando traición ilumina con una luz extraña y muy cruda la situación que ese principio tiene la ambición de reformar: una situación paradójica puesto que la necesidad de prestar atención en caso de duda, lo que se exige de un «buen padre de familia», lo que se inculca a los niños, es definida como enemiga del Progreso.

Lo que hizo poner el grito en el cielo era sin embargo muy tímido, porque el principio de precaución respeta la escena precodificada en que interviene, una escena donde se confía únicamente al encuentro con el mercado la tarea de juzgar el valor de una innovación industrial y donde se reconoce a los poderes públicos el derecho de poner algunas condiciones a ese encuentro. El principio se limita a extender un poco ese derecho, pero no modifica en absoluto la lógica de la escena. La evaluación sigue perteneciendo al mercado y, por lo tanto, no implica más que los criterios mantenidos por el mercado. En cuanto a las condiciones de aplicación del principio, son extremadamente restrictivas. No solamente los riesgos deben recaer en la salud y el medioambiente, y en consecuencia no atañen por ejemplo a las catástrofes sociales que puede provocar una innovación, sino que el principio indica que las medidas que responden a la consideración del riesgo deben ser «proporcionadas». Podría pensarse que la proporción recaería en una evaluación de los beneficios de una innovación tecnoindustrial para el «interés general», puesto que es él el que está en juego en el riesgo. Pero no, lo que pone en escena la proporción es la preocupación del daño que van a acarrear las medidas a aquellos que se benefician con el derecho sagrado de emprender, de poner en el mercado, de poner en circulación.

Así, ¿se puede impugnar el «derecho de emprender» de Monsanto so pretexto de que sus Organismos Genéticamente Modificados (OMG) corren el gran riesgo de acelerar la proliferación de insectos resistentes al insecticida «embarcado» en las plantas? Ciertamente no. Se limitarán a dictar algunas reglas que apunten a disminuir las probabilidades de aparición de dichos insectos, y a confiar en que los agricultores involucrados obedezcan esas reglas que les complican la vida y disminuyen los beneficios esperados, y eso no por un período transitorio sino de manera permanente. Como prohibir los OMG de Monsanto sería una medida «desproporcionada», no se puede encarar otra opción. En cuanto a las consecuencias socioeconómicas de los OMG, no tienen ningún lugar. La ruina de los pequeños campesinos indios no es un riesgo grave o irreversible, aunque se suiciden. Es el precio, duro pero necesario, de la modernización de la agricultura.

Se dirá que lo que está en juego es la libertad de emprender. Y cualquier empresario retomará el estribillo: el riesgo es el precio del progreso (hoy: de la competitividad). Pero es aquí donde hay que ir más despacio y prestar atención. Aceptar que se identifique a Monsanto con el empresario cuya pose heroica se reivindica, la de quien acepta con un corazón valeroso la posibilidad del fracaso, la del Hombre prometeico que no deja de explorar lo que podría ser posible, es dejarse agarrar en la trampa por una de esas puestas en escena dramáticas cuyo secreto poseen nuestros maestros pensadores. La intrusión de Gaia sería el castigo del Hombre que se atrevió a desafiar el orden de las cosas. De donde surge una cascada de consecuencias que nos ponen entre la espada y la pared: confiar en el genio humano o maldecirlo e invocar el arrepentimiento. Vaya, ¿nos olvidamos del capitalismo?

La pose heroica tomada por Monsanto y sus semejantes no es aceptable. Porque, cuando se trata de sus propias inversiones, lo que exigen es *seguridad*: es el mercado, verdadero juicio de Dios, el único que puede ponerlos en riesgo, no la cuestión de las consecuencias. El hecho de que ese «juicio de Dios» mismo sea trucado cae por su propio peso. En cambio, que en nombre de ese juicio los supuestos empresarios que se adornan con la pasión por los posibles puedan exigir que la cuestión de las consecuencias posibles no constituya un argumento susceptible de ponerlos en riesgo es aquí lo que me importa.

Con el objeto de separar a aquellos con quienes nos enfrentamos de esa historia de empresarios creativos y audaces a la que pretenden pertenecer, intimándonos a escoger entre la aventura humana y la renuncia timorata, en adelante los llamaré Empresarios, donde la mayúscula, como ocurrirá más tarde con la Ciencia, significa que se trata de una pretensión de fachada que disimula un cambio de naturaleza. No se dirá que el Empresario tiene una confianza (prometeica) en el progreso «que puede repararlo todo», una confianza que habría compartido con la mayoría de nosotros, y que «nos» reuniría frente a la grave cuestión de la vocación del Hombre y de su porvenir. Un porvenir que, tantas veces nos dijeron, «está en las estrellas». Lo que nos enseña el doble escándalo, para nuestros Empresarios y sus aliados, del acontecimiento OGM y del principio de precaución es que no se trata de una confianza. *Sin lugar a dudas se trata de una exigencia.* Correlativamente, el reaprendizaje del arte de prestar atención nada tiene que ver con una suerte de imperativo moral, de una apelación al respeto o a una prudencia que «nosotros» habríamos olvidado. *No se trata de "nosotros", sino de los asuntos en los que el Empresario exige que no nos mezclemos.*

Cuando Marx caracterizó el capitalismo, la gran pregunta era: «¿quién produce las riquezas?», de ahí la preponderancia de la figura del Explotador, de esa sanguijuela que parasita la fuerza viva del trabajo humano. Esa cuestión evidentemente no perdió nada de su actualidad, pero a la exhortación a no prestar atención, incluyendo hasta cuando la barbarie amenaza, puede corresponder otra figura que viene a añadirse, sin rivalidad, a la primera. Esa figura es el Empresario, aquel para quien todo es ocasión —o más bien que *exige la libertad de poder transformar todo en ocasión*— para una nueva ganancia, inclusive aquello que cuestiona el porvenir común. «Eso podría ser peligroso» es algo que un patrón individual podría entender, pero no la lógica operatoria del capitalismo, que, eventualmente, condenará a quien retroceda ante una posibilidad de emprender. Con la figura del Empresario acuden otras dos, porque el Empresario exige, pero es necesario que su exigencia sea oída. Esas dos figuras son el Estado y la Ciencia. Tal vez se podría asociar el momento en que es posible sin duda alguna hablar de capitalismo con aquel en que el Empresario puede contar con un Estado que reconoce la legitimidad de su exigencia, *la de una definición «sin riesgo» del riesgo de la innovación.* Cuando un industrial dice, con las sacrosantas lágrimas en la voz: «el mercado juzgará», lo que hace es celebrar la conquista de ese poder. No tiene que responder por las consecuencias (eventualmente muy poco deseables) de lo que se pone en el mercado, salvo que éstas contravengan una prohibición explícita formulada por el Estado, una prohibición científicamente motivada y que responda al imperativo de proporcionalidad. En cuanto a la Ciencia, que recibió una autoridad general, todoterreno, que recae en la definición de los «riesgos» que deben ser tenidos en cuenta, no tiene gran cosa que ver con las ciencias. A nadie asombrará que los expertos que juegan en este juego sepan que ellos no serán dignos de estima a menos que sus opiniones sean tan «ponderadas» como sea posible, vale decir, que den todo su peso a la legitimidad del innovador «que ha invertido».

¿Qué es esta Ciencia que interviene aquí como tercer ladrón, árbitro tolerado por el Empresario en lo que atañe a su derecho a innovar, es decir, también en cuanto al derecho que reconoce (obligado y forzado) al Estado de prohibir? Si le puse una mayúscula es para distinguirla de las prácticas científicas. Y esto no para exonerar a los profesionales de toda responsabilidad, para oponer a los expertos (al servicio del poder) y a los investigadores (desinteresados), sino porque, con el acople Empresario, Estado, Ciencia, estamos muy cerca de la leyenda dorada que prevalece cuando se trata del «irresistible ascenso del Occidente». Esta leyenda, en efecto, pone en escena la alianza decisiva entre la racionalidad científica, madre del progreso de todos los saberes, el Estado finalmente liberado de las fuentes de legitimidad arcaicas que impedían que esa racionalidad se desarrolle y el progreso industrial que la traduce en principio de acción finalmente eficaz, lo que los marxistas llamaron el desarrollo de las fuerzas productivas. Por supuesto, es de esta leyenda de la que se trata de salir, pero si el arte de prestar atención debe ser reconquistado, es importante empezar por prestar atención *a la manera* en que somos susceptibles de salir de ella.

Una vez más, no se tratará de definir la verdad del Estado o de la Ciencia, de reescribir la «verdadera historia» detrás de la leyenda, sino de activar cuestiones que ante todo tienen que ver con el momento en que vivimos, de lo que nos obliga a pensar y también de aquello de lo que nos piden que desconfiemos. Aquello de lo que conviene desconfiar aquí son las simplificaciones que otra vez ratificarían la historia de un progreso, o que le llevarían masivamente la contraria, que hagan del capitalismo el único verdadero protagonista, siendo ampliamente ilusoria la autonomía relativa de los otros dos, o que hagan de los tres protagonistas las tres cabezas de un mismo monstruo, que al intérprete le corresponde nombrar. En todos estos casos, lo que falta es la cuestión, hoy crucial, de saber lo que podría o no ser un recurso en la tarea de reaprender el arte de prestar atención.

LAS ARTES DE PRESTAR ATENCIÓN

Más acá de la crítica pero mucho más allá de la queja, ¿cómo revitalizar *aquí y ahora* nuestras capacidades de atención? Es cuestión de arte o de *artes* en plural mejor dicho.

Oier Etxeberria expone algunas claves para pensar esa zona de sombra que existe entre la impresión y la percepción del mundo, allí donde aún no se ha estructurado el sentido y las cosas flotan como en un sueño, indiferentes hacia cualquier tipo de jerarquía. Rafael Sánchez-Mateos Paniagua nos recuerda que el arte es un laboratorio de otros modos de atender el mundo, de relacionarnos con él no como producto, sino como proceso y materia transformable. Diego Sztulwark nos plantea la filosofía como *forma de vida,* una capacidad sensible de escuchar lo que no encaja y usarlo como palanca para crear nuevas posibilidades de existencia. Andrea Soto Calderón, por su parte, desplaza las cosas: el problema no es tanto la denostada «distracción» como la fijación de la percepción a través de clichés y estereotipos, siendo entonces la «dispersión» una forma de resistencia.

Atención primaria, estado de juego, forma de vida o dispersión no son recetas, sino sugerencias de algunas estrategias de interrupción de los automatismos y recapacitación de la atención, que requieren al lector un ejercicio activo de imaginación y traducción en su vida cotidiana.

ATENCIÓN PRIMARIA;
EJERCICIOS EN LA ZONA DE SOMBRA[1]
OIER ETXEBERRIA

Desde una perspectiva contemporánea, los vaivenes de la atención son indisociables del nacimiento de la ciudad moderna, minuciosamente configurada para interrumpir y cortocircuitar su flujo. La literatura que existe sobre el agotamiento al que comienzan a ser sometidos los músculos oculares y el aparato sensorio-motor humano en su conjunto es amplia y lo suficientemente explícita al respecto: Baudelaire, Balzac Musil, Simmel, etc. Es como si toda una sensibilidad epocal se hubiera visto obligada a levantar acta sobre el modo

1. En febrero del año 2018, el Departamento de Arte Contemporáneo de Tabakalera impulsaba un nuevo eje temático bajo el título de «Ariketak, la segunda respiración». Un programa de talleres, conferencias, encuentros y exposiciones que tenían como objeto mirar al mundo a través del ejercicio. De forma pautada y a través de diversos programas que se prolongaron casi dos años, se exploraron todo tipo de procedimientos que en primer lugar nos remiten al ensayo, al tanteo, a la prueba y el error; que se caracteriza por la puesta en marcha de técnicas, de reglas de juego y protocolos que combinan el saber y el desconocimiento, el acto voluntario y los automatismos, los hábitos heredados y la capacidad de habilitar lo imprevisible. La idea de constituir un seminario dedicado a pensar la atención surgió de distintas conversaciones mantenidas durante este proceso, la sensación compartida de no vivir en el presente o la dificultad agudizada para la concentración en una actividad determinada eran cuestiones recurrentes en muchas de ellas. La ausencia de espacios en los que tratar este tipo de inquietudes desde una mirada ampliada y colectiva, y la invitación a formar parte de un lugar de cruce entre diversos campos (desde prácticas artísticas empeñadas en explorar las más variadas formas de vida, hasta la teoría política, la neurociencia o la teología experimental), dieron lugar a un diálogo sostenido en el tiempo que hoy se niega a concluir.

en las que las condiciones históricas de la percepción individual estaban siendo radicalmente transformadas. Muchos de estos registros literarios apuntan hacia las consecuencias de esta mutación y cómo esos efectos se hacen notar en la forma de producción y recepción de las más diversas manifestaciones culturales. No es aventurado afirmar que, en la batalla moderna por la atención —como aquella facultad capaz de modular, orientar e intensificar los espacios más recónditos de la experiencia humana—, se expone, en toda su sofisticación, la incipiente colonización de la sensibilidad.

Entender adecuadamente este problema que atraviesa el siglo XX y llega hasta el presente exige abandonar el prejuicio que asume la percepción como algo pasivo: la atención es una actividad, una forma más de participar e interactuar en y con el mundo. Toda la cháchara sobre la «experiencia personal» resulta entonces un tanto imprecisa, ya que las pautas de conducta de cada uno de nosotros se sitúan dentro de una unidad mayor que también ha de ser observada.

En realidad, esta idea de la conciencia como espacio privado de la mente individual se encuentra ligada al nuevo régimen de legibilidad que promulga la modernidad. Una forma particular de la atención que se replicará por todo el campo social propiciando una inflación sin igual de *lo visual en* su relación con *lo económico-político*. De entrada, las nuevas formas de intervención social exigirán que los esfuerzos administrativos se dirijan a la obtención de unidades visibles, sujetos debidamente constituidos que interpelar. No es casualidad que a partir del siglo XVIII el Estado moderno manifieste una voluntad de racionalizar las relaciones económicas y emprenda la tarea de uniformizar y universalizar un único sistema de pesas y medidas, mientras desarrolla todo tipo de procesos relativos al censo urbano, la estandarización de las lenguas, la sanidad o la escolarización. En última instancia, la exigencia de una legibilidad exhaustiva es equivalente tanto para los objetos como para los sujetos.[2]

La demanda de tanta irradiación luminosa termina por recordar a aquellos poderes ancestrales que vinculamos con cierta metafísica divina; y es que este nuevo proyecto de gobierno volcado a la racionalización completa de la vida humana busca su legitimación precisamente en este principio rector luminiscente proveniente de la mística. La cuantificación que se expande a todos los aspectos y actividades del alma se funda en aquella mirada proyectada como un rayo desde el ideal del progreso humano, ligado a la autoridad del pensamiento tecnocientífico e inclinado a despreciar cualquier otra forma de elaboración que pudiera entrar en competencia con él.

No resulta difícil entonces equiparar al naciente Estado moderno con figuras mitológicas de tiempos pretéritos. Por ejemplo con Argos, el gigante de los cien ojos evocado por Baltasar Gracián en *El Criticón* como modelo del hombre atento y cuya prudencia recomienda «tener ojos en el colodrillo y también en los hombros, en la espalda, las rodillas e incluso en los pies, la lengua y hasta en el mismísimo centro del corazón». O con Polifemo, el cíclope perteneciente según *La Odisea* de Homero a una raza caníbal que ha olvidado su relación con el oficio, el conocimiento agrícola y el significado de la participación política. Ambas figuras evocan ese carácter sistémico de la mirada estatal. Una mirada donde lo múltiple y lo unívoco se funden en su disposición de interconectar todos y cada uno de los recursos perceptivos a partir de un solo principio: la extracción de valor.

Es esta expansión y geometrización de la mirada la que alienta el sueño moderno, convirtiéndose en la característica más destacable del poder en su estadio tecnocientífico. Pensar la atención es pensar por tanto en estas nuevas formas de dominación en la que los sistemas de representación conforman un sistema que *prefigura activamente* la realidad que tan fielmente se supone representan.

A contraluz

Pero este panorama viene a exponer también, *a contraluz*, el inmenso potencial contenido en el ejercicio de la atención: sus competencias y sus formas de puntuación, sus ritmos y figuras que sin remitir necesariamente a lo visual, configuran una especie de «zona de afectación primitiva» en constante actualización. Exactamente eso a lo que hemos querido denominar aquí *atención primaria*.

Quizás hayan sido el arte y la literatura las que se han caracterizado por investigar esta zona de la atención, en tanto practicas interesadas en aquellas formas de suspender el sentido automático y desarrollar técnicas que dejen las cosas —por así decirlo— libres ante nuestros ojos y oídos.

Pero más allá de los espacios que asociamos al desarrollo de una visión subjetiva del mundo, la *atención primaria* remite a las conexiones que establecemos con aquello que sucede antes de que las operaciones cristalizadoras del lenguaje tengan lugar. Abandonamos la alternativa que nos propone el pensamiento reglamentario entre una razón inmaculada capaz de concentrar y maximizar el rendimiento de los sentidos y el caos al que nos veríamos abocados si nos dejamos llevar simplemente por las impresiones sensoriales recibidas. Y sobre todo confrontamos con esa idea según la cual la realidad es algo transparente y puede ser descifrada de un solo vistazo, dando espacio a todas aquellas metodologías y sistemas de trabajo que asumen las relaciones entre lo superficial y lo profundo, lo visible (concreto) y lo legible (ideático), el detalle más recóndito (o la sensación) y la representación mental (la cognición), en una combinatoria variable y continua.

Pensemos, por ejemplo, en el inspector de almas, el señor Sigmund Freud y la acumulación de detalles minuciosos con los que comienza a explorar el vínculo entre las representaciones (psíquicas) y las energías (libidinales) que oscilan en el inconsciente. Y es que el padre del psicoanálisis se da cuenta en cierto momento de que hurgar en el historial de los pacientes, enfocarse exclusivamente en su pasado, le lleva siempre a lugares ya sabidos de antemano, mientras que atender el presente inmediato —a través de una «atención uniformemente suspendida»— le conduce a lugares insospechados desde los que es posible acceder a profundidades cuya realidad simplemente desconocía. Es como si, sólo de forma indirecta y a través del laberinto que forman todas estas pruebas acumuladas, fuera posible vislumbrar —llegado el momento— los nexos profundos que posibilitan la conformación de una imagen más completa.[3]

De un modo semejante podríamos considerar las ingeniosas apreciaciones de Aby Warburg, seguramente el historiador del arte más temerario del siglo xx, cuyos métodos buscan formas de agudizar la atención, deteniéndola en el más leve y minúsculo detalle. Indagando no sólo en los valores formales de las imágenes (su materialidad aparente y sus principios compositivos), sino también la intensidad de las fuerzas (los afectos, las pasiones, las pulsiones) que les ponen en movimiento desde un tiempo pasado que no cesa de propagarse.

---

3. Véase un desarrollo más completo de este argumento en Carlo Ginzburg, «Raíces de un paradigma de inferencias indiciales», en *Mitos, emblemas, indicios. Morfología e historia*, Gedisa, Barcelona, 2008.

Son ejemplos que nos confirman cómo la atención puede declinarse con un tiempo heterogéneo y convertirse en una fuente de conocimiento original. Haciendo de la distancia su método y su forma también de buscar amparo del tiempo. En ese sentido algunas formas de desatención son equiparadas con la experiencia del éxtasis. Aunque simplemente puede tratarse de un ejercicio que al distanciarnos de lo más inmediato y próximo, en realidad nos permite verlo mejor y más claro, en su intrínseca relación con lo más ajeno y remoto.

Visión nocturna

Cómo negar que para la resolución de ciertos problemas —conducir un autobús o jugar al ping-pong—, es preciso disponer de una atención alerta y vigilante que responda de forma eficaz y aplicada a los estímulos recibidos. Pero la cuestión es que dichos estados no son permanentes en la vida y, *a poco que nos descuidemos*, comienzan a brotar otras formas de atención también necesarias.

Nuevamente, el problema remite a la dificultad que conlleva pensar más allá de nuestra concepción racional de la mente, dejando de lado el modo en el que operan y nos movilizan las imágenes, los sueños y musarañas que retuercen las miradas, todas las sensaciones que de forma imprevista nos desbordan en el momento menos esperado. Sin embargo, y según aseguran los neurólogos contemporáneos, esos lapsos de tiempo en los que nos desplazamos desde un estado en el que estamos prestando atención al mundo exterior a otro en el que apuntamos a procesos internos, son tanto repentinos como constantes. Describen un sistema nervioso proclive a los estados de estupefacción y ensoñación *a plena luz del día*.

Más allá del análisis de los sueños nocturnos, habría que fijarse entonces en todo aquello que sucede en la penumbra *diurna*: las ensoñaciones que nos acompañan durante el período de actividad, la duermevela, la fatiga y el tedio que suceden durante el desarrollo del día. Pues lejos de ser una circunstancia negativa, estos estados corresponden a la *cualidad* misma del proceso de observación y atención. No son obstáculos a la percepción, sino *elementos determinantes de la percepción misma.*

Si las estructuras que nos rodean son conocidas por su insistencia en promocionar modelos de identificación y formas imaginarias a través de las cuales terminamos por asumir nuestras condiciones reales de existencia de forma inconsciente y muchas veces fantástica, resulta ingenuo —aunque también un tanto perverso— proyectar la batalla de la atención como si la existencia se conquistara por la sola voluntad del individuo.[4]

Hoy no resulta fácil saber exactamente qué significa que el ojo se haya vuelto cifra, que sea el cómputo matemático y no las analogías entre las cosas las que gobiernen el ejercicio de la visión, pero la violencia con que los ideales lumínicos pugnan por adueñarse del entero circuito sensorial es tal que corremos el riesgo de anestesiar los sentidos y minusvalorar estos trasiegos necesarios entre la vigilia y los sueños, el «hecho» y la «ficción», la conciencia despierta y todo aquello que resulta extraño a ella. Reivindicar la atención y el estar atento no debería ser confundido —en ese sentido— con abra-

---

4. Quizás fue el siglo XIX el que nos enseñó que la seducción es el fundamento de la organización social, y que la arquitectura interior del sujeto moderno ha estado históricamente determinada por un ansia de control. En este sentido, los debates en torno a la dieta, los comportamientos sociales y los de la atención son, hasta cierto punto, equiparables. Constituyen un registro de las disputas que se producen en relación a nuestro aparato fisiológico. Debates sobre el control de los confines externos e internos de una comunidad, de la cual el cuerpo individual sigue siendo el símbolo y la carne.

zar una *Profesión de Fe*, dando la espalda a esas formas de conocer y conocerse a uno mismo que vinculamos a lo nocturno. Al contrario, la atención primaria es, ante todo, una modalidad que remite a la «visión nocturna», ese lugar previo al dominio de la conciencia, un lugar plagado de conflictos y pugnas que remiten a diversos ordenes de lo sensible.

La antropóloga Mary Douglas mostró, en su estudio sobre la pureza y la contaminación,[5] que la unidad de la experiencia siempre es producto de determinados ritos de purificación. Se trata de dejar fuera de lugar aquello que se considera extraño desde el punto de vista de la composición social dominante, de higienizar ese lugar *intermedio* en el que tiene lugar la atención primaria para evitar —básicamente— que los sujetos (individuales o colectivos) se enfrenten a sus traumas.

El *pulido* del mundo experiencial se apoya en sistemas de clasificación y en lógicas que priorizan ciertos elementos frente a otros con el objetivo de constituir una especie de «bajo continuo» de nuestro sistema perceptivo.[6] Algo que los avances del mundo tecnocientífico en las últimas décadas han evidenciado de forma categórica: nuestro mundo sensorial es susceptible de ser troceado y *editado* con posterioridad, de acuerdo a ciertas pautas formales. Dicho de otro modo, hay en marcha procesos de parcelación del flujo de la experiencia que tienen la capacidad de determinar nuestra percepción *antes* de llegar al nivel del lenguaje semántico o comprensible. En rea-

5. Mary Douglas, *Pureza y peligro*, Siglo XXI, Madrid, 2000.
6. Basta con pensar en la clasificación de las cualidades materiales propuesta por la filosofía del siglo XVII, separando las cualidades primarias (solidez, extensión, figura, forma, movimiento o reposo y número) que serán susceptibles de ser matematizadas y consideradas objetivas, y las secundarias, que por su carácter disperso (gusto, color, sabor, sonido, calor, etc.) serán clasificadas como subjetivas.

lidad y de forma resumida, se trataría del principio básico de toda agencia publicitaria: acceder a la conciencia del sujeto antes de que los mecanismos lógicos puedan ponerse en marcha.

Luz arrasadora

Los investigadores que dieron lugar a las teorías de la información y la cibernética llegaron a la conclusión de que era posible intervenir en esos espacios previos a la razón y al lenguaje a los que hemos hecho referencia. Muchos de ellos declaraban su obsesión por el estudio de los actos involuntarios, inconscientes y automáticos.[7] De hecho, en parte fue gracias a la conexión entre los problemas de la comunicación y sus potenciales desarrollos con la hipnosis, el insomnio y los estados alterados de la conciencia, lo que produjo una nueva «realidad» científica, un nuevo campo de exploración intersubjetiva.

La vida póstuma del *mesmerismo*[8] alumbraba de ese modo el nacimiento de un modelo comunicativo alucinado por la anticipación, la retroalimentación y el cálculo estadístico. La convicción de que

---

7. *Cybernetics: The Macy Conferences 1946-1953, The Complete Transaction*, Claus Pias (ed.), Diaphanes, University of Chicago Press, 2016.
8. El mesmerismo, también conocida como la doctrina del «magnetismo animal», fue un método terapéutico postulado por el médico Franz Mesmer (1734-1815). Se basaba en la existencia de un supuesto fluido invisible que determina el funcionamiento del cuerpo humano y cuya distribución errónea en el cuerpo causaba las enfermedades. Fue un término muy usado en la segunda mitad del siglo xx, aunque no es de extrañar que su lugar en el amplio espectro del legado científico nunca haya sido reconocido, ya que las generaciones posteriores, más aprensivas quizás hacia las fuentes impuras y pseudocientíficas de sus cosmogonías, se las han arreglado para retener a las aportaciones de Mesmer en el imaginario del Antiguo Régimen.

un mensaje puede efectivamente ser transferido de un sujeto a otro sin convocar la participación de la consciencia.

La cibernética realiza en el orden del cerebro o la mente lo que la sociedad industrial llevó a cabo en el ámbito de los músculos: maximizar los beneficios obtenidos de su explotación y pagar el gasto, pero no desde luego el *desgaste*. Algo que la transición de un paradigma informacional a otro atencional no ha hecho más que agudizar en los últimos años, ya que aquella sobreabundancia potencialmente infinita con la que operaba el desarrollo tecnocientifico ha sido puesto en jaque por una nueva realidad en el que los limites corporales y neurológicos de un extractivismo continuado se hacen cada vez más patentes.

Y el término «economía de la atención» se ha convertido en ese sentido en un aglutinador muy recurrente para hacer referencia a todas las formas de automatización que ha propiciado esta nueva forma de entender la economía como algo aplicable al conjunto de la vida.

La historia es bien conocida: la circularidad causal y la modelación de los procesos complejos que propone la cibernética son aplicados, en primer lugar, en el ámbito industrial, la estrategia militar, el diseño urbano, la criminología o el transporte. Pero sus desarrollos ulteriores aprendieron rápidamente a extraer valor de la interacción y la previsión de las respuesta del ser humano a su medio, implantando unas lógicas mercantiles allí donde hasta no hace mucho la cultura occidental localizaba valores humanos como espontaneidad, vida o indeterminación.[9]

La estabilidad social pasa, de este modo, a depender en gran parte de una forma de control *amable*, cuyo eficaz y correcto funciona-

9. Diedrich Diederichsen y Oier Etxeberria (eds.), *Cybernetics of the poor. Ejercicios, tutoriales y partituras*, texto introductorio, Tabakalera/Kunsthalle View, 2019.

miento demanda ante todo un espíritu *distraído* que confíe en las representaciones que le guían imaginariamente y que deje de prestar atención al modo en el que su atención está siendo dirigida hacia otro objetivo.[10]

Resulta difícil no reconocerse ahora como parte de ese estado de aturdimiento perpetuo en el que el consumo de imágenes parece haber tomado como modelo la obscenidad ligera del *gag visual*. Como si aquel diagnóstico sobre la modernidad de Baudelaire, que señalaba el tránsito inevitable de lo cómico hacia lo diabólico, fuera ya irrevocable. Distracciones fúnebres según el artista y científico belga Robertson, inventor de las fantasmagorías y de una nueva forma de concebir el entretenimiento que asumía como modelo el terror que provocan los espíritus. Alguien que, para el historiador español del arte Angel González, supo entender que la vida moderna tenía que ver en realidad con la potencia lumínica. Con una *luz excesiva* que se proyecta sobre nosotros y cuyas penumbras hoy nos recuerdan que los principios estéticos de los totalitarismos —fanatismo espiritual, estetización de la violencia, culto a la conquista técnica del mundo—, lejos de haber desaparecido, se han generalizado y naturalizado por los medios de formación de masas y de la comunicación política.

Bajo este foco, la cultura contemporánea aparece como un manual de instrucciones destinado a lograr que la identificación del sujeto con su realidad sea inmediata, instantánea y confortable, garantizando la accesibilidad a una representación personalizada del mundo que nos rodea. Aunque, paradójicamente, esto significa asumir que el modelo para entender la toma de decisiones no depende y no dependerá nunca más de un sujeto soberano, sino de una red o un conjunto de redes de trabajo y transmisión.

10. De hecho, el término *distracción* remite tanto a un lapsus psicológico individual como a la principal industria del capitalismo.

Vigorexia ocular

En esta tesitura, las artes de la atención —ejercicios artísticos, ensayos espirituales y otros planteamientos críticos— contribuyen a politizar el problema y buscar soluciones prácticas, en la medida de que son capaces de confrontar dialécticamente con esta realidad, reclamando una educación basada en una visibilidad *recíproca y denunciando los efectos materiales de este delirio.*

Prácticas y ejercicios que, evitando caer en determinismos absolutos, sin necesidad de aferrarse a la existencia de una forma de atención prístina o a ciertas cualidades ya obsoletas de la producción cultural como forma de crítica de la actualidad, proponen nuevas formas de reapropiación de las herramientas de transformación (tecnológicas, comunicacionales, de exploración introspectiva) de las que hemos sido expropiados.

Es cierto pues que aún podemos responder con el cuerpo, pero, sin embargo, como dice el crítico y escritor Diedrich Diederichsen, «lo importante es no precipitarse demasiado rápido en el yoga capitalista»[11] y recordar que toda técnica de observación efectiva, incluyendo a aquellas dirigidas a la introspección, tiende a poner en su centro —al modo de la carta robada de Edgar Allan Poe— lo que a toda costa es necesario ocultar. Al fin y al cabo tanto el automatismo orgánico como el social necesitan formas rutinarias de invisibilizar sus defectos y errores para garantizar su continuidad.[12] Por ello, aquel consejo que daba Salvador Dalí en relación a una imagen puede ahorrarle a uno más de un disgusto en cualquier momen-

---

11. Diedrich Diederichsen y Oier Etxeberria, *op. cit.*
12. El fisiólogo y medico Hermann von Helmholtz (1821-1894) afirmaba que el funcionamiento óptimo del órgano visual dependía de su capacidad para obviar los errores que continuamente se le manifestaban.

to y ocasión: «Aparte, se lo ruego (incluso contra su propia voluntad), sus ojos del centro hipnotizante de esta fotografía y diríjalos con una precaución expectante hacia su esquina inferior izquierda».

Después de todo, la cualidad del ejercicio de la atención no debería buscarse en su capacidad para focalizar un objeto cualquiera, sino en las nuevas relaciones y articulaciones que es capaz de proponer. Y si desde las instituciones y las autoridades científicas se fomenta una idea de la inteligencia como mera acumulación de razonamientos vinculados a un acceso a los «mercados de información», parece razonable incidir en la importancia de ampliar los espacios para pensar la influencia que las imágenes ejercen en nuestra conducta y en nuestras formas de cooperación social.

Además, lejos de ser una interpretación de una cosa o una imagen pasiva, estar atento significa entender que la distancia entre lo primario y lo extraordinario es ínfima y depende de los filtros que le aplicamos. «Si quieres reparar en la magnífica visión de todas las cosas, guiña un ojo», sugiere atentamente G. K. Chesterton. Se trata de inventar nuevas formas de ejercitar la observación donde las categorías de lo ordinario y lo singular sean permutables y que contribuyan a la generación de espacios donde no tengamos que estar expuestos a la captura por fuerzas externas que nos inducen a un constante sobreesfuerzo voluntario-muscular.

De ese modo, además de ser una herramienta para focalizar ciertos objetos que normalmente pasan desapercibidos y contribuir a sensibilizar dimensiones o matices que de otro modo pasarían desapercibidas, las artes de la atención pueden dar lugar a formas eficaces de estar en el presente, dialogar con nuestro propio yo y perder la ansiedad ante lo que está en continua fluctuación.

El historiador José Arteche recuerda, en sus crónicas locales escritas a mediados del siglo XX, a Francisco del caserío Leizeaga, quien durante un fracasado levantamiento carlista, en algún bosque de

Izarraitz muy cerca de Azpeitia, se encontraba junto con un nutrido grupo de voluntarios dispuestos a tomar el pueblo con las armas, a la espera de una orden de ataque que no llegaba nunca. Aburrido por la inacción, conminó a los suyos a bajar y hacer la revolución inmediatamente ya que él tenía que volver a ordeñar las vacas.

Sutil, en efecto, este modo de negar y no jerarquizar la elección ante semejante dilema. La percepción de Francisco de Leizaga no es más auténtica, sino diferente, y da testimonio de un ojo entrenado y sereno, consciente de la necesidad de distinguir entre aquello que no depende de la propia voluntad y lo que sí está ligado a ella. Propone, sin perder la compostura, un combate en el que se anuncia el reconocimiento por igual de todas las cosas del mundo, sin jerarquías, evitando la tentación de abrazar y terminar abrasados por esa *luz arrasadora*.

Los juegos de la atención creadora
(o el arte que somos)
Rafael Sánchez-Mateos Paniagua

En su libro *Stand Out of Our Light: Freedom and Resistance in the Attention Economy,*[13] James Williams, filósofo y exconsultor de Google, recurre a la célebre anécdota del encuentro entre Diógenes de Sínope y el emperador Alejandro Magno para reflexionar en torno al secuestro de la atención y la sensibilidad por las nuevas tecnologías digitales. Según el célebre relato, aunque Alejandro le ofreció al filósofo vagabundo cualquier cosa que pudiera desear, Diógenes le pidió al joven emperador simplemente que se apartara, pues le tapaba la luz del sol haciéndole sombra. No la sabiduría, sino el espíritu insobornable, es lo que caracteriza la reacción de Diógenes ante la magnánima soberbia de Alejandro. Como emperadores que todo nos lo prometen pero en verdad obstaculizan nuestra luz, así operan, según el ensayo de James Williams, la miríada de cachivaches electrónicos y aplicaciones digitales que compiten salvajemente para captar nuestra atención, realmente escasa, con el fin de persuadir nuestro aparato perceptivo y ponerlo a trabajar a favor de algún tipo de interés u objetivo que a todas luces no es nuestro. Quizá ni siquiera es un interés humano.

Su análisis no sólo denuncia lo sobornables que hemos sido, lo poco *cínicos* en el sentido filosófico. Más allá de la distracción, la adicción o la manipulación que estas economías de la atención han traído a nuestras vidas, también señala la dimensión profunda y potencialmente irreversible de una injerencia en el aparato perceptivo

13. Cambridge University Press, 2018.

humano «cuya respuesta es quizá el dilema moral y político más relevante de nuestro tiempo», pues incide radicalmente en nuestra capacidad de pensar, imaginar y obrar. Las salidas que ofrece el ensayo pasan por articular una lucha personal y colectiva por la *libertad de atención*, tan importante como las luchas por la libertad de pensamiento o expresión. Esto implica, primero, extender el significado de la atención más allá de la idea de un foco de luz o de concentración dirigible a tal o cual elemento de la realidad (*spotlight of attention*), para comprenderla más bien como un brillo o una luz cósmica (*starlight of attention*) que nos reconecta con nuestra fuerza deseante y libidinal, debilitada por unas economías que oscurecen el cielo estrellado de nuestra existencia. Pero también, en un sentido más social, implica organizarnos en sindicatos que luchen por regular el trabajo atencional que gratuitamente realizamos durante muchas horas para cumplir los intereses de las corporaciones. Sindicarse para influir en el diseño de las tecnologías que usamos de forma que nos favorezca, como por ejemplo exigir una regulación de las dinámicas y ritmos de actualización de contenidos (*pull-to-refresh*),[14] en cuya ubicua inagotabilidad reside parte del hechizo que, además de sumirlo todo en el olvido, secuestra nuestra atención y nos impide dedicarla a lo que verdaderamente podría de verdad realizarnos.

Lo que resulta sorprendente es que no hay en este libro ni una mención al arte o la creación artística. No refiero su ausencia en virtud del sentido terapéutico que pudiera tener en el marco de la herida sensorial o el embrutecimiento estético que nos hemos provocado. En esta batalla por la libertad de atención y la resistencia a sus

---

14. Paul Lewis, «"Our minds can be hijacked": the tech insiders who fear a smartphone dystopia», *The Guardian*, 6/10/2017: http://theguardian.com/technology/2017/oct/05/smartphone-addiction-silicon-valley-dystopia

economías, los juegos del arte conforman una práctica y una experiencia quizá decisiva para dirimir ese dilema existencial, pues no sólo somos *criaturas*, sino también existencias *creadoras* e imaginativas. ¿Quién determina y cómo se decide la existencia de las cosas y lo que significan? ¿Quién y cómo se delimita el tiempo que les dedicamos? ¿Cómo se establece el sentido de la relación que mantenemos con ellas y entre nosotros? ¿Cómo se determina lo que importa de este mundo y de la vida? Puede que las economías de la atención se hayan infiltrado en nuestra sensibilidad poniéndola a trabajar en las nuevas cadenas de producción digital cuyo ritmo disuade de hacernos estas preguntas, pero el arte es un laboratorio maravilloso de la atención y el asombro que nos permite encontrar respuestas democráticas y activas al descubrir, mediante la *atención creadora*, nuestra capacidad de hacer mundo y de participar de forma fructífera en la realidad. No sólo somos mano de obra: tenemos manos para obrar y el mundo es también obra de lo que hacemos con las manos y el resto del cuerpo. La atención creadora nos permite redescubrir esta evidencia, volviendo presente la energía afectiva de las relaciones, la vida interior de las cosas.

Todo en la creación artística, los gestos, formas y sentidos (los significados, pero también los órganos sensoriales), e incluso el sujeto mismo que crea, se encuentra en *estado de juego*. El arte, la creación poética, es una oportunidad para subvertir cualquier intento de secuestrar nuestra atención y nuestro brillo, pues el proceso creativo los intensifica y salvaguarda en torno a una tarea absolutamente gratuita y desinteresada, liberada de la servidumbre a lo ya dado, así como de la productividad para sostenerlo. A pesar de su evidente valor de cambio en el mercado, donde el arte se canjea por mucho o poco para sobrevivir o especular, el arte existe más allá de los rediles en los que lo introducimos, más allá de los sujetos supuestamente protagonistas de su historia, desbordando sus contenedores considerados naturales como los museos o las galerías. La creación artística, siempre expuesta a su experimentación y transformación, siempre vinculada a la pasión insobornable de dar forma, y en búsqueda de una realización vital no monetizable, garantiza una existencia liberada de toda convención, de todo cálculo, de toda productividad. Qué duda cabe que se trata de un juego bien serio. Los juegos de la atención creadora son un atentado sutil pero firme al orden dado, porque esta sutileza permite operar a escala del matiz, dimensión en la que se juega la potencia material de toda utopía.

Aunque suele tomarse como prueba que diferencia a lo humano de la naturaleza, en verdad la creación artística —como la creencia religiosa— se origina en el encuentro con lo no humano, con todo lo que no somos, no entendemos o no sabemos. La atención que opera al crear o experimentar arte, antes que a abismarnos en el fango del yo, nos invita a las intermediaciones entre los seres y a una especie de *huelga humana*,[15] inspirando un comportamiento que no obedece a lo que se nos ha dicho del mundo o de nosotros. La inherente ambigüedad del arte, tanto de la experiencia de creación como de recepción artística, nos sitúa en el umbral de la apertura y la posibilidad, ante una situación que genera siempre preguntas, conversaciones y tentativas que nunca puede ser liquidada de forma definitiva. Nos invita a una atención gozosa y creadora, a una *razón poética* que nos devuelve a la plasticidad y apertura del mundo y el ser. Más que ayudarnos a recuperar un poco de tiempo o curar terapéuticamente nuestras heridas (que no es poca cosa), la atención creadora nos permite reconectar con el tiempo en el que nacen los segundos mismos. Nos sumerge en el lodazal de los orígenes, en la *originalidad* de lo generativo. Quien ha hecho algo de arte alguna

---

15. Claire Fontaine. *Notas sobre economía libidinal,* MUSAC, 2011: https://issuu.com/musacmuseo/docs/notas_sobre_econom_a_ibidina_claire_fontaine_musac

vez, o quien ha permanecido arrobado ante algún tipo de creación, conoce la clase de plenitud vital que excita la experiencia artística. Siempre solícita con nuestras preocupaciones más urgentes, nuestros recuerdos y dudas más profundas o con nuestras fantasías más esquivas.

Una nueva forma de percibir inspira siempre una nueva forma de expresar y viceversa. Observamos las cosas, pero las cosas también nos observan. Nos preguntamos qué significan las representaciones y las formas artísticas, pero éstas nos preguntan también qué significamos nosotros. La percepción crea mundo. Una estancia iluminada por el fuego produce una cotidianidad, quizá incluso inspira una poesía distinta o una escucha diferente a la del espacio iluminado por el resplandor de la pantalla digital. Configuramos sentidos mediante los sentidos y por eso las obras de arte, por muy antiguas que sean, permanecen siempre abiertas a la radical contemporaneidad de la experiencia a la que nos invitan. *Saber* algo exige *saborear*, y *entender* lo que percibimos implica *atender*. *Crear* es como *criar* algo que está vivo y, criar algo vivo, que exige grandes dotes creativas, es *creer* que lo que creado a su vez es creativo. Así, atender de forma creadora es atreverse a inventar entendimientos y saberes, participar de las formas, trayéndolas a la vida. Como dice María Zambrano, saber contemplar es «saber mirar con toda el alma, con toda la inteligencia y hasta con el llamado corazón».[16] Lo importante es evitar caer en la tentación de mitigar la ansiedad que nos produce el encuentro expresivo o receptivo con lo artístico, mediante significados o explicaciones prescritas a nuestra experiencia por toda clase de expertos que nos dicen qué debe percibirse, qué y cómo debe ser creado, qué es lo importante o lo normal. Con ellos no sólo apare-

---

16. María Zambrano, «Una visita al Museo del Prado», en *Algunos lugares de la pintura*. Eutelequia, Madrid, 2012 [1955], pág. 39.

cen los momentos y sujetos excluidos, las narrativas hegemónicas, los olvidos... también nos disuaden de recurrir a nuestra propia experiencia estética y atención para conocer. Es importante emanciparnos del modo en que nuestra experiencia artística es tutelada, también por aquellos que prometen emanciparnos y liberarnos a través de su crítica, pero con el cuidado de no perder —aún más— la herencia artística de la humanidad. Depósito contradictorio y conflictivo de nuestras ensoñaciones de vida y muerte.

Porque al encuentro de la creación, como de la criatura que necesita e inspira al cuidado, no hace falta ir cargado de sabiduría y conocimiento técnico o especialista, sino de atención, sensibilidad y disponibilidad para exponerse sensorialmente a algo siempre desconocido y extraño y a la vez familiar. No cargados de prejuicios y suspicacias críticas, sino de generosidad y complicidad. No de *juicio* sino de *juego*. Es decir, dispuestos a percibir ya con un poco de arte, a experimentar el arte mismo como un modo de hacer poético y así poder experimentar todo lo demás, bien atentos, observando con todos los ojos de la memoria, del deseo y de la imaginación. Porque no es tan importante lo que decimos del arte, como lo que el arte nos dice sobre nosotros mismos y sobre el mundo. No es tan importante lo que denunciamos o decimos mediante el arte, como el descubrimiento, a partir de las experiencias de creación y recepción, de la plenitud de un arte de vivir poético o artístico que impregna la vida entera. El arte, de nuevo con María Zambrano, «es un extraño fluir temporal que permanece, un río temporal que se queda; no una forma de estar, sino del pasar, del pasar a... ser o hacia el ser más que hacia la realidad».[17] Conformarse con describirlo, criticarlo o coleccionarlo es una forma de empequeñecer la posibilidad de vivir a tra-

---

17. María Zambrano, «Mitos y fantasmas: la pintura», *op. cit.* [1939], pág. 44.

vés de él. Es por eso que, a veces, una pieza de danza nos magnetiza y excita en nosotros el deseo de bailar, o al escuchar una pieza musical nos invade el deseo de hacer música. Efectivamente, como afirmaba Deleuze, «el arte dice lo mismo que los niños», que están atravesados permanente por esa calentura pasional actuante y que tan pocas veces atendemos una vez que abandonamos la infancia, que de hecho destruimos introduciendo cuanto antes a los niños en la maquinaria de las economías de la atención. Tiene que llegar acaso a nuestras vidas una pandemia para percibir ese extraño fluir temporal, y con suerte ese impulso vital, que nos invita a imaginar una vida más plena y gozosa, vivida y satisfecha de otra manera que no mediante el *pull-to-refresh*.

Todas las creaciones artísticas, de cualquier disciplina, inspiran una percepción doble que nos informa de lo que hay y no hay, de lo que son y no son, de lo que pasa y no pasa. Es una ventana a la que asomarse, un espejo en el que sumergirse, una cámara donde resuenan voces ignotas. Un reflejo, una refracción y una vibración que nos involucra en el juego de elaborar lo que somos y queremos ser, lo que son y queremos que sean las cosas. Y a este juego del arte, de la aparición y la desaparición, de lo que hay y no hay, de las posibilidades del ser y las diversidades de mundos, se han dedicado las personas de todas las épocas, de todos los lugares, de todos los pueblos, de todas las edades biológicas, y es por eso que la atención creadora nos permite hablar en plural sin violencia. Nos permite hablar del universo desde su misma magnificencia operacional. Más que buscar sentirnos representados o representar el mundo, quizá cuando enredamos en cosas artísticas deberíamos buscar sentirnos imaginados, expuestos a nuestra propia posibilidad y no frente a algún tipo de esencia o significado por fin clarificado. Cuando se dice que el arte imita la naturaleza, en realidad quizá no se trata de representar su imagen generando una copia sino, como decían los viejos gnósticos, de volver a recrear su fuerza generativa en el propio acto creativo. No una copia del mundo, sino una posibilidad de él, pergeñada en el marco de una reciprocidad activa, donde lo cultural se compone con lo natural y viceversa. La verdadera originalidad del arte quizá se esconde en la reconexión con estas fuerzas originarias que atraviesan toda existencia viva de las que se sirve para incrementar su plenitud, inclusive a través de la muerte, intensa estimuladora de la creación artística. El conocimiento estético o el conocimiento por los sentidos, con toda la atención que exige, nos permite crear puentes entre la razón y la imaginación, entre la vida y la muerte, dando lugar a hipótesis y síntesis inagotables de lo que somos y es el mundo, lo que fue o lo que podríamos ser. Porque el arte nos recuerda lo que no nos acordábamos de atender o lo que no queremos atender; nos enseña a atender lo que no imaginamos que existe e incluso lo que supuestamente ha sido demasiado atendido. Si atendemos a lo que pasa y nos pasa cuando hacemos arte o lo experimentamos, podemos descubrir las palabras mágicas y el mecanismo del hechizo por el cual somos desconectados de nuestra potencias de percibir, imaginar y obrar, igualmente misteriosas, reactivándolas e intensificándolas por medio de un juego donde la libertad, el encuentro igualitario con los otros y la vida buena importan. Si *prestamos atención*, el arte siempre nos invita a cambiar de vida como decían los versos de Rilke,[18] y esta es, de vuelta, la *prestación total*[19] que nos hace a nosotros.

18. Véase el poema de Rilke, «Torso de Apolo arcaico»: «Si no siguiera en pie esta piedra desfigurada y rota / bajo el arco transparente de los hombros / ni brillara como piel de fiera; / ni centellara por cada uno de sus lados / como una estrella: porque aquí no hay un solo / lugar que no te vea. Debes cambiar tu vida».
19. «Prestación social total» es el término que Marcel Mauss utiliza para referirse al intercambio recíproco que se produce en el *potlatch* y que funda y renueva los

La representación moderna del artista y del espectador o los públicos no ayuda a redescubrir estas potencias del arte ni la atención creadora, pues refiere una situación en que artistas y espectadores parecen desgarrados de la posibilidad de un encuentro enriquecedor de forma recíproca. De un lado, pocas veces somos testigos del momento de creación, a cuyo artista imaginamos en su extravagante taller, atravesado por las enigmáticas fuerzas de la inspiración y asediado por la supuesta profundidad y complejidad de sus obsesiones; o bien delante de su obra, ofreciendo las explicaciones que nos deberían ayudar a entender su obra y que, antes que ayudarnos, suelen coartar nuestra imaginación. Casi nunca lo encontramos dedicado a un trabajo atento, sencillo, cuidadoso, casi nunca lo conocemos creando desde el no saber. Pocas veces lo conocemos en ese estado de realización vital que le provee el mero hacer y quizá eso sería lo más importante de conocer de cada obra de arte, incluso las que nos hablan desde el dolor. De forma parecida, en los repertorios iconográficos de los públicos que asisten a museos o exposiciones abundan los snobs performando su crítica, los turistas desorientados, los grupos de estudiantes boquiabiertos. La mayoría de las veces sujetos flotantes por el espacio, suspendidos, deambulantes, difuminados o borrosos, acaso fugazmente arrobados por la experiencia sensorial que están haciendo. Así, asediada por el elitismo cultural y la distinción social que se obtiene de vuelta, como por todas las mitologías que supuestamente la explican, la experiencia de hacer o percibir arte aparece despojada de la embriaguez mundana y de la atención creadora y poética que la vuelve posible y disponible para todas las personas.

---

lugares que cada cosa y cada elemento significa en la trama social. La mención a Rilke puede encontrarse en su poema «Torso de Apolo arcaico».

En este sentido, y si la percepción y experiencia del arte es también un tipo de creación, ¿se le puede dar forma a la atención como si fuera un ejercicio artístico o una obra, de modo que pueda ser a su vez compartida? ¿Puede organizarse materialmente el comportamiento estético que mantenemos ante los objetos que nos rodean de forma que el arte sea no sólo un fin, sino un medio mismo? No percibir o conocer *El Arte*, sino percibir y conocer *con arte*. Las inercias de la dispersión y la improvisación dificultan esta tarea, ¿qué se supone debe hacerse ante una obra artística? Nada resulta más urgente hoy que el trabajo de dar forma, personal y colectiva, a una experiencia del mundo (no sólo del arte) que nos permita, mediante la escucha generosa, la conversación de proximidad y el despliegue de una atención profunda que no redunde en el aislamiento y la reclusión individualista, imaginar otra posibilidad de las cosas, del mundo y de lo que somos, así como encontrar las fuerzas que nos revitalizan y orientan hacia la viveza y la acción, en un momento tan crítico de nuestra historia sobre el planeta.

El colectivo ESTAR(SER)[20] ha recuperado de una antigua orden semiclandestina de radicales de la experiencia estética llamada Orden del Tercer Pájaro —en alusión a los pájaros pica-uvas de la historia del pintor Zeuxis—[21] un método para reconectarnos con

20. Estarser.net
21. Plinio narra la gran frustración del pintor Zeuxis al observar que los pájaros intentaban comer las uvas que había pintado junto a un muchacho, prueba de que las uvas estaban mejor representadas que el niño, pues se hubieran asustado de considerarlo real. La versión pseudoausoniana de este notorio episodio en la historia de la mímesis apunta que «Zeuxis volvió a la pintura, con la esperanza de poder mejorar al niño, y que al dejarla afuera para secar al sol se escondió detrás de un arbusto para poder observarla. Cuentan que vio acercarse a tres pájaros. Uno, al dirigirse a las uvas de repente ve al niño y sale asustado. El segundo, con las mismas ganas de comer uvas, ignora al niño completamente y picotea furiosamente

la atención creadora en cualquier marco de la vida cotidiana. Mediante la ejecución colectiva de distintos protocolos o ejercicios pautados, nos invitan a dedicar a los objetos, artísticos o no, una especie de atención profunda y sostenida durante un tiempo determinado. Lo llaman *aisthesis práctica* y buscan la realización en la experiencia del objeto que observan con una entrega absoluta. Lo importante para este grupo es resistirse a la satisfacción que nos produce la opinión, la interpretación y el discurso. Un espíritu generoso y desarmado caracteriza esta mirada silenciosa que se pregunta qué podrían necesitar los objetos y formas de nosotros, que los contemplamos. La articulación de santuarios y sindicatos de la atención sostenida forma parte de su imaginario.[22]

Quienes han practicado así, subrayan una mezcla de soledad y compañía, de interioridad y exterioridad muy extraña y poderosa, experimentada en un encuentro con los otros y el objeto no mediado, no explicado, realizado casi en secreto, pero de forma pública y a ojos de todos. Tras las distintas fases de los protocolos,[23] ejecutadas en absoluto silencio, el grupo se disuelve para *sensar*[24] la ex-

su almuerzo ilusorio. Pero el tercer pájaro se para delante del cuadro en el patio y lo observa con gran atención, aparentemente absorto en sus contemplaciones. "Qué pájaro más raro, murmura Zeuxis", pero el pájaro no se mueve». D. Magni *Ausonii Burdigalensis Opera*, París, 1629. Citado en ESTAR(SER), *Proceedings of ESTAR(SER)*, New series, Part VII, Supplement, Santa Monica, California, 2016, pág. 18.

22. «12 theses on Attention». A working-draft prepared by the Friends of Attention, https://friendsofattention.net/sites/default/files/2020-05/TWELVETHE SES-ON-ATTENTION-2019.pdf

23. tinyurl.com/y3pba4ut

24. «El segundo punto es mirar cómo Dios habita en las criaturas, en los elementos dando ser, en los animales sensando, en los hombres dando a entender: y así, en mí dándome ser, animando, sensando, y haciéndome entender». Igna-

periencia personal, reuniéndose de nuevo más tarde en asamblea y efectuar un intercambio ordenado —esta vez sí, oral— de la experiencia realizada por cada persona. Siempre evitando juzgar, opinar o interpretar, ni el objeto ni las experiencias hechas. Mediante estos ejercicios, sucede a menudo que descubrimos nuestra capacidad de percibir a través de los sentidos de los otros, que hacen sentido para nosotros en una alquimia intersubjetiva de la sensibilidad que revela un espacio común, inadvertido hasta después de haber hecho la experiencia de atención sostenida y de haberla compartido. De repente, todo lo que se esperaría fundamental para determinar el sentido del objeto contemplado pasa a un segundo plano para abrirse a la infinitud de experiencias posibles que conciernen al deseo, la memoria y la imaginación. Una forma de percibir que libera el sentido de lo que nos rodea y el nuestro propio, cuya virtud es asegurar un tipo de desinterés pleno, de gratuidad, una parada existencial sin duda extraña en un mundo extenuado por la productividad, el rendimiento y el sentido, siempre mediados por algún tipo de interés o poder. Este tipo de encuentros atencionales no son actos trascendentes que iluminan de sentido el presente, más bien recolocan ese presente en la inmanencia de su propia posibilidad y jugabilidad.

ESTAR(SER) ha *recuperado* durante los últimos años decenas de protocolos de atención, inspirando a otros grupos de aquí y allá como Atenta[25] o *Friends of Attention,*[26] comprometidos con el trabajo de refinar los sentidos y profundizar en una nueva educación estética que parte del principio de la experiencia. Con el fin de estimular y reimaginar el encuentro de los visitantes con los objetos artísticos

---

cio de Loyola, *Ejercicios espirituales*, Semana IV: «Contemplación para alcanzar amor», (235).
25. Atenta.net
26. Friendsofattention.net

y los creadores, estas prácticas atencionales han sido introducidas en distintos contextos e instituciones como la 33 Bienal de São Paulo[27] o el Museo Reina Sofía de Madrid.[28] He tenido la suerte de participar en alguno de estos experimentos[29] y creo que el interés social de estos ejercicios atencionales desborda el marco de las instituciones del arte, habitados por agentes culturales (directores, curadores, mediadores, educadores y públicos) a menudo demasiado preocupados por orientar la percepción hacia algún tipo de contenido político o crítica cultural que consideran emancipadora. El silencio de partida al que estas formas de mediación obliga, la confianza y generosidad que exige, no es algo a lo que todo el mundo esté dispuesto. Pese a todo, acuerdo con muchos otros colegas que la radi-

27. Gabriel Pérez-Barreiro, curador de la 33 Bienal de São Paulo (2018), explica en el texto curatorial la importancia de la atención en esa edición (http://33.bienal. org.br/pt/sobre-a-exposicao) que, además de componer un contenido expositivo basado en las afinidades afectivas de los artistas-curadores invitados, acogió el simposio internacional *Practices of Attention*: http://www.bienal.org.br/agenda /5668

28. El programa de visitas escolares del Museo Reina Sofía de Madrid *¡Atención, Atención!*, llevado a cabo por voluntarios del museo (https://www.museoreinaso-fia.es/visita/visita-grupos-con-guia). En el museo, el colectivo ESTAR(SER) impartió un taller para formar a estos voluntarios y la conferencia performativa: «El halo del cuidar: relaciones entre la mediación en museos y la atención sostenida», a cargo de D. Graham Burnett, Gabriel Pérez-Barreiro y Lane Stroud, 5/9/2019: https://www.museoreinasofia.es/actividades/halo-cuidar-relaciones

29. Puede leerse el texto «El sentido en todos los sentidos» en el catálogo educativo de la 33 Bienal de São Paulo (2018): http://imgs.fbsp.org.br/files/33bsp-publicacao_educativa.zip (en castellano: https://ctxt.es/es/20190424/Culturas /25828/Rafael-S--M-Paniagua-arte-dinamicas-corporales-sentido-de-los-sentidos. htm), o la obra multiplataforma Atenta (https://atenta.weebly.com/autoescola-insular.html), comisariada por Antonio Ballester Moreno para su proyecto *Sentido común* de la misma Bienal.

calidad política de estos ejercicios atencionales, su carga emancipadora, reside precisamente en la confianza, el cuidado y la generosidad
con la que nos disponemos a la experiencia personal y con la que observamos y escuchamos la experiencia de los otros, en un encuentro
en igualdad donde ninguna percepción se señorea sobre las otras,
sino que se llaman unas a otras enriqueciendo la experiencia compartida. Su fuerza política reside en el placer del juego estético de
imaginar y liberar sentidos mediante los sentidos y no en el de cons-
tatar el significado que pueda haber sido prescrito, favoreciendo la
recuperación de nuestra atención que las distintas economías se dis-
putan y que nos permitiría enriquecer nuestra vida cotidiana. Descubrir un modo de estar y ser a través del arte es su mayor fuerza política y no la reducción del arte a la representación de un mensaje
crítico, algún tipo de narrativa radical o de denuncia, por muy necesaria o legítima que sea. La atención nos coloca en situación de experimentación, de escucha creativa del mundo y nosotros mismos.
La densidad de temporalidades y deseos que excita nos invita a un
hacer poético y a una apertura radical que revivifica nuestro brillo
existencial y nos orienta hacia una vida más feliz y plena.

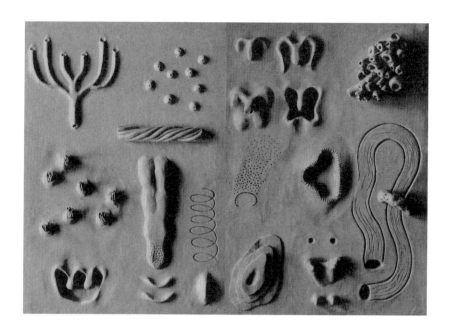

La filosofía como forma de vida: conversación con Diego Sztulwark

El régimen neoliberal en que vivimos es, según han establecido José Ramón Ubieto y Marino Pérez, un «régimen de lo hiper»: hiperactividad, hiperestimulación, hipercomunicación. Esa altísima presión sobre los sujetos produce distintos malestares: trastornos de ansiedad, ataques de pánico, dificultad para habitar el presente, etc. Sin embargo, esos malestares quedan subsumidos en el saber clínico-médico y se cancela así la pregunta política por excelencia: ¿en qué sociedad vivimos? Con Diego Sztulwark queremos charlar sobre lo que puede la filosofía en este contexto. La filosofía que no se limita a un trabajo meramente discursivo o especulativo, sino que pretende una transformación de la escucha y la atención. La filosofía como forma de vida. Esta conversación tuvo lugar entre Diego Sztulwark y Amador Fernández-Savater el 20 de febrero de 2019.

Diego, en tu libro La ofensiva sensible *citas a Spinoza: «La vida humana no es mera circulación de la sangre». Empecemos si te parece por ahí: ¿cómo entender esa frase? ¿Qué significa esa irreductibilidad de la vida a lo orgánico?*

Dos propuestas para empezar. La primera: cambiar filosofía por ganas de pensar cosas. Quiero decir: no estudié filosofía en la universidad, no soy filósofo de profesión y no tengo mucho respeto por la filosofía como objeto de veneración cultural. Propongo referirnos a la filosofía, aquí entre nosotros, como la capacidad de tener un discurso propio, de elaborar una verdad propia.

En segundo lugar, quisiera inscribir la cuestión de la forma de vida en el problema del neoliberalismo. El neoliberalismo, como fase actual del capitalismo, no es sólo un programa político o una ideología económica, ni siquiera una política de ajuste o de privatizaciones, sino también una *micropolítica*. Es decir, una forma de organizar la vida, una manera de *hacer vivir*. Entonces, pensado así, el problema de la forma de vida aparece en el presente con un sentido muy concreto, muy actual. ¿Podemos vivir de modo no neoliberal? No es tan fácil, aunque lo critiquemos.

Ejercicios espirituales

Tratando de pensar estas cosas, llegué hasta el filósofo francés Pierre Hadot (1922-2010). Uno de sus libros traducidos al castellano se llama precisamente *La filosofía como forma de vida*. En este libro, que es una conversación con dos personas que lo entrevistan, Hadot hace un relato autobiográfico. Cuenta que de joven vivió en el interior de la institución de la Iglesia católica francesa. Creció y maduró en ese contexto, pero tuvo luego una crisis profunda a partir de los casos de pedofilia que involucraban a sacerdotes. Algo de lo que se habla mucho hoy en día. Esos abusos eran desestimados por la Iglesia, cuya preocupación radicaba principalmente en la crisis de fe de los sacerdotes implicados. El mundo, como vemos, no ha cambiado tanto desde entonces hasta ahora.

El catolicismo, prosigue Hadot, intenta resolver un problema que es común a todos: *cómo vivir*. La respuesta que ofrece es el vínculo con la trascendencia. Sólo la trascendencia salva, hay que conectar la vida con algo más allá. La pura inmanencia es perdición. Por ese motivo, concluye Hadot, a la Iglesia no le preocupan tanto los abusos cometidos en *este mundo de acá*, como la crisis en la relación con *ese algo más allá*. Hadot se pregunta entonces: pero ¿acaso la vida es tan *invivible* que sólo una ficción trascendente puede darnos sentido?

Y comienza a investigar en los clásicos griegos. ¿Hubo antes del catolicismo maneras de enfrentar la vida —las angustias, la muerte, el miedo, el amor, el deseo, las pasiones, la política— sin acudir a la trascendencia como respuesta y solución? Hadot encuentra en los textos de las seis escuelas clásicas —platónicos, epicúreos, cínicos, estoicos, pitagóricos y escépticos— una serie de discursos que, más que dar explicaciones de las cosas o elaborar sistemas perfectos, se preguntan *cómo vivir*.

Nadie sabe vivir, nos dice Hadot, para aprender hay que desplegar prácticas, atravesar preguntas, realizar cierto tipo de ejercicios. El objetivo de cada una de esas escuelas no es armar un sistema coherente y racional, la filosofía antigua no nace con esa vocación de fascinación lógica o discursiva, sino articulada a dispositivos no discursivos: los *ejercicios espirituales*. Ése es el hallazgo de Hadot. A mí me hubiese gustado que eligiese otro nombre, pero Hadot los llamó así, disociando lo espiritual de lo religioso como ocurría antes de la hegemonía del monoteísmo y el catolicismo. Un filósofo como Spinoza hablaba, en el mismo sentido, de la *búsqueda de la virtud*; la exploración de una vida virtuosa, una vida que merezca la pena ser vivida, remite a lo mismo.

Para Hadot, la filosofía es una *forma de vida* porque no accede a verdades más que a través de *transformaciones*. Los ejercicios espirituales son prácticas de transformación. La vida no nace con una forma ya dada, no nace ya formada, sino que hay una búsqueda de formas de vida, de una virtud, a través de prácticas de transformación. Nada que ver, por tanto, con la filosofía de las facultades de Filosofía. La filosofía como forma de vida es algo muy distinto del discurso moderno de la filosofía: no sólo saber, especulación, teoría.

Lo teológico-político es la incapacidad de escuchar los afectos en el discurso, la dimensión existencial. Lo teológico-político sobrevive a día de hoy. La misma filosofía se pone de su lado cuando se li-

mita a leer y enseñar esquemas conceptuales. El esquema concep-
tual de Descartes, de Spinoza, de Hegel, de Kant, etc. Es el problema
de la academia: sólo sabe leer los «marcadores lógicos» y no los
«marcadores afectivos». Lo que ya Hadot criticaba cuando decía
que la filosofía griega no se puede explicar por su coherencia discursiva interna, porque siempre se refiere a algo no discursivo, la cuestión de cómo vivir.

Vuelvo ahora a la pregunta inicial. Hay una cita de Spinoza en
el *Tratado político* que dice más o menos así (cito de memoria): «La
vida virtuosa no es la vida de la circulación de la sangre, no es la vida
puramente fisiológica, no es la vida que compartimos con los animales, sino la vida del alma. La vida virtuosa es la vida que podemos
desarrollar sólo en el mejor de los Estados, en aquel en el que se
nos garantiza la seguridad». Una primera idea: el problema de la
forma de vida es inseparable de las instituciones colectivas. Instituciones de lo común y vida virtuosa van juntas.

Segunda: la vida no se define por la preservación, sino por la *potencia del cuerpo*. Lo que podemos hacer y pensar, la capacidad de
pensar y actuar, que Spinoza —en su *Ética*— define con la noción
de potencia. Cuando Spinoza afirma, en una frase muy citada, que
«no sabemos lo que puede un cuerpo», se refiere a que nuestra potencia no puede identificarse con un aspecto en particular, que no hay
ciencia que establezca lo que se puede y no se puede al amar, al recordar, al hablar, al participar en una insurrección La potencia no se refiere pues a la dimensión orgánica, sino a una *inorganicidad* del cuerpo y de la vida humana. La vida inorgánica del cuerpo es la *virtud* de
la que los cuerpos son capaces. La cuestión de la forma de vida en el
discurso del siglo XVII es un una crítica de lo teológico-político, una
crítica del modo de organización de los saberes de la teología. Porque
la potencia, lo que puede un cuerpo, es una cuestión *inmanente*.

Muchas cosas, Diego. Me gustaría, antes de seguir con tu hilo, detenernos un momento en el tema de los ejercicios espirituales. Según Hadot, la filosofía no es un discurso, sino la transformación de uno mismo a través de ejercicios. Es una concepción muy material, física, casi performativa de la filosofía. No tanto el amor a la sabiduría como discurso, como la creación de formas de vida a través de prácticas muy concretas. ¿Cómo son esos ejercicios de que habla Hadot?

Hadot insiste mucho en mostrar la humildad de los ejercicios. Un poco en ruptura con Foucault, que también los estudió, Hadot dice: no se trata de hacer de uno mismo una obra de arte. Ésa es una interpretación estetizante e individualista de los ejercicios que Hadot rechaza; él ve en Foucault una suerte de «filosofía dandy». Hadot insiste en que los ejercicios son, para los griegos, modos de articular el cosmos, la polis y el individuo. El cuidado de sí, el cuidado de los otros y el cuidado del mundo.

Por ejemplo, cita un ejercicio de los estoicos que consiste en meditar sobre aquellos fenómenos que están encadenados de tal manera que, hagamos lo que hagamos, se nos van a imponer. Si alguien enferma y muere, las estaciones del clima, etc. Hay toda una serie de fenómenos causa-efecto que no dependen para nada de nosotros y que por tanto no pertenecen al mundo moral o de la libertad. Otros fenómenos, por el contrario, sí dependen de la decisión que podamos tomar. Ahí sí hay libertad y el sujeto juega un papel fundamental. El ejercicio cotidiano es distinguir lo que depende de nosotros y lo que depende de causas en las que no podemos intervenir. Esa distinción *desangustia*. Ése es un ejercicio estoico.

De Epicuro recuerdo otro ejercicio que me impresionó mucho: la suspensión de los placeres. No en el sentido de buscar el sacrificio o el dolor, sino de llegar a dar con un tipo de placer que es simplemente el *placer de existir*. Ése es el placer que interesaba ante todo a

Epicuro. El placer de existir viene primero, luego el resto de place-res. Hay que aprender a evitar que la búsqueda de los placeres blo-quee ese placer fundamental que es el placer de la mera existencia, el placer de estar vivo. Sólo ese primer placer posibilita una relación sana con el resto de placeres. Hay que aprender a sentirlo, a ejerci-tarse en ello. Ésa es una práctica epicúrea.

Otro ejercicio que recuerdo tiene que ver con la escritura. Hadot habla de la lectura y la escritura como ejercicios espirituales cuando no están ligadas a ninguna preocupación cotidiana. Cuando leemos o escribimos porque sí, sin finalismos vinculados con la economía, la profesión, etc. Leer o escribir, no para estudiar o trabajar, acu-mular saber o dinero, sino en sí mismos y por sí mismos. Así son los ejercicios de los que habla Hadot, muy sencillos, muy humildes.

El neoliberalismo y la teología

Retomo el hilo anterior. El neoliberalismo responde a su manera a la pregunta de cómo vivir. Un poco al modo de la trascendencia cristiana: ofrece algo que tranquiliza la angustia, que cierra las preguntas, la rela-ción con una trascendencia, algo ya dado que sólo cabe obedecer. ¿Es po-sible establecer paralelismos entre neoliberalismo y catolicismo, o bien es abusivo y exagerado?

Creo que podemos establecer continuidades entre el mundo de las trascendencias que Hadot rechaza en el cristianismo y el tipo es-pecial de trascendencia que encontramos en el neoliberalismo. Am-bos dicen cómo vivir, nos ahorran ese trabajo de investigación y creación de formas de vida. La diferencia es que en el caso del neo-liberalismo la trascendencia se *inmanentiza*. Me explico: la orden de cómo vivir no sólo viene de afuera, sino también de adentro. Nosotros mismos nos convertimos en estrategas neoliberales, inventamos nuestras propias formas de autovalorización, creamos los dispositivos necesarios para hacernos productivos y visibles en el mercado. Hay que vivir produciendo, pero cada uno lo hace *libremente*. La obediencia se vive como libertad. Pensemos en el emprendedor neoliberal, el empresario de sí mismo.

Nadie nos pone una pistola en la espalda para entrar en Facebook o llamar a Uber, ligar en Tinder o ir al súper, ¿no? Es una especie de libertad, la libertad de elegir y de mostrarse, pero en el fondo lo que hay es obediencia a las formas y los sentidos establecidos. Hay una participación activa en el mundo que se nos propone.

El neoliberalismo constituye *modos de vida*. Es una definición posible. El capitalismo actual no produce mercancías sin producir a la vez los modos de vida para los que esas mercancías tienen un valor. Ni un coche ni una Coca cola tienen valor si no se ha creado previamente el mundo en el que esa mercancía es un signo del modo de vida que se vende. Si el modo de vida no se puede vender, es decir, si esa subjetividad no se puede producir, entonces esa mercancía no hay a quién vendérsela y el sistema entra en crisis. El neoliberalismo, por lo tanto, no es sólo economía, sino la economía colonizando lo extraeconómico: el deseo. Lo neoliberal es el momento del capitalismo en el que el cálculo económico se extiende a todas las decisiones vitales extraeconómicas.

Entonces uno lee a Hadot y encuentra un problema actual. ¿Qué deseo escapa al modo de vida neoliberal? ¿En qué tipo de práctica, de ejercicio, de uso del lenguaje, de relación con los otros, no obedecemos al mando neoliberal? Es también el problema de Spinoza: salir de lo teológico-político. ¿Cómo hacemos para volver a constituir momentos de virtud individual y colectiva? ¿En qué momento salimos de la esclavitud de la teología actual del mercado? La pregunta que nos podemos hacer, con Hadot y Spinoza, es si podemos inventar ejercicios para conquistar *formas de vida*. Es decir, establecer una distinción entre modo de vida y forma de vida.

¿Cómo sería esa distinción, puedes desarrollarla?

Si el modo de vida es producido por el capital, la forma de vida es un desplazamiento con respecto al mero consumo de modos de vida dados. Son los saberes que ponemos en juego para producir una *virtud* que no sea mera *obediencia* al modo de vida que el capital produce. Lo podemos ver más claro con un ejemplo.

Hay un libro muy interesante del psicoanalista Jean Allouch que se llama *¿Es el psicoanálisis un ejercicio espiritual? (respuesta a Michel Foucault)*. Allouch dice que el psicoanálisis tiene dos grandes declinaciones: en primer lugar, está la *función psi*. Es todo el mundo del *coaching*, de la terapia como forma de adaptación al mundo. En toda institución actual hay un psicólogo que nos ayuda cuando entramos en crisis, cuando estamos un poco «disfuncionales». Allouch rechaza enérgicamente esta función. Propone pensar el psicoanálisis como una *transformación de sí*. El psicoanálisis es un ejercicio espiritual cuando nos permite experimentar una modificación existencial, cuando nos ayuda a encontrar una verdad como desplazamiento y creación.

La función psi nos adapta al mundo y el ejercicio espiritual permite a cada uno producir su verdad. Ésa es la diferencia entre modo de vida y forma de vida. Los nombres son arbitrarios, lo que importa es la distinción.

El malestar como energía de transformación

Los modos de vida neoliberales llevan aparejados ciertos malestares: enfermedades del vacío, ataques de pánico, angustias Propones pensar el malestar como «síntoma» y mantener una relación activa con él. ¿Qué pasa con todo aquello que no cuaja con los modos de vida neoliberales? ¿Qué pasa con la fragilidad de la vida humada que no nos permite una adecuación plena al mando neoliberal?

El neoliberalismo nos propone todo el tiempo un régimen de visibilidad y transparencia en el que todo está a la vista y todo es accesible. Un régimen de goce: si tenemos buenas terapias, si hacemos yoga, si estamos relajados y flexibles, si estamos saludables y con buena presencia, el mundo es nuestro: ¡a disfrutar! El síntoma no entra dentro de ese mundo de visibilidades y goces, sino que está en otro plano de escucha y atención. Es todo lo que no encaja con el imperativo de la productividad, del goce, del disfrute, tal como el neoliberalismo lo propone.

Suely Rolnik, psicoanalista, artista y filósofa brasileña, dice que el neoliberalismo es un tipo de cartografía y pensamiento sobre quién es cada uno que evita siempre la desestabilización. Una tecnología micropolítica que permite siempre *estabilizar* las crisis subjetivas mediante el consumo: «tengo una crisis de pareja, pero puedo ir a comprar cosas que me hagan bien». Siempre hay mercancías a nuestro alcance para evitar la desestabilización de nuestro mapa subjetivo. Se puede consumir cualquier cosa, también religión o incluso racismo, pensemos en el elemento nacionalista y sexista de los fascismos contemporáneos. El neoliberalismo ofrece todo el tiempo una respuesta a la inquietud de la existencia que garantiza estos mapas de vidas prefiguradas. Rolnik se pregunta: ¿y qué es lo otro? Un cuerpo no reducido a la búsqueda de estabilidad, a la conservación de las certezas y estabilidades que se nos ofrecen. Armar mundos nuevos, otros territorios existenciales y referencias. Crear mundo y no meramente consumir los modos de vida que se nos ofrecen.

Para ello, tenemos la posibilidad de escuchar una verdad que no se adecúa al mundo neoliberal, escuchar el síntoma y hacer alianza con él. Síntoma es, por ejemplo, lo que ya percibió Marx cuando formuló la idea de proletariado. Un elemento de la totalidad capitalista que no cuaja, que no encaja. Un elemento que, al desplegar sus potencialidades, entra en conflicto y desarma la estructura en su conjunto. En el neoliberalismo ese elemento es el malestar. Hacer alianza con el síntoma significa escuchar lo que no cuaja en el mundo neoliberal: la inadaptabilidad, la inadecuación, la enfermedad, etc. Es la operación que nos permite acceder a nuevas verdades, abrir nuevos territorios, crear vida no neoliberal.

Pensemos en los movimientos de mujeres. Son una voz de rebelión que grita: «no queremos que nos digan qué es ser mujer», «no queremos que nos digan qué es desear», «no queremos que nos digan cómo tenemos que estar aquí o allá, en el trabajo o la calle», «queremos dar sentido a la economía, la sexualidad, el mundo urbano o el trabajo desde nuestra experiencia». Ese gesto feminista podría ser un ejercicio espiritual, colectivo y político. Permite desvincular del mando neoliberal lo que somos, lo que es cada uno, lo que tenemos que hacer en el trabajo o en el consumo, a partir de un malestar como es la violencia feminicida, la precarización, la invisibilización. El malestar es la energía que puede producir desplazamiento, que puede producir forma de vida, que ayuda a construir un «mejor estado» en el sentido de Spinoza, de instituciones de lo común podríamos decir nosotros.

Quisiera pedirte más desarrollo sobre esta cuestión de cómo escuchar el síntoma, cómo atender el malestar. Primero, ¿cómo se escucha algo que no tiene un signo claro, que pasa desapercibido, que está fuera de código? ¿Qué tipo de escucha y atención nos requiere? Y segundo: ¿cómo hacer una alianza con el síntoma? Porque el malestar es una herida, algo que duele. Escuchar y hacer alianza con él es bien complicado, porque supone mantener la herida abierta y siempre estamos buscando norma-

lidad, sobre todo en este mundo de tantísima precariedad donde la esta-
bilidad (una casa, un salario, una pareja) escasea.

No tengo respuestas, pero me interesa separar la escucha de la visión. La utopía neoliberal plantea que todo debe ser visto, que todo
debe ser transparente. Las cuentas de un Estado, los muros de las oficinas, nuestros propios deseos. Si uno ve lo que pasa, entonces puede gobernarlo. ¿Qué más se puede pedir? Pero hay una pérdida de
sensibilidad cuando nos enfrentamos a situaciones en las que sólo
entendemos lo dicho, lo codificado, el conjunto de signos que se
nos ofrecen en esta oferta continua de modos de vida prefigurados.
Pondría la escucha en ese plano: es un modo de acceso a lo no-di-
cho, a lo no codificado, pero que existe en el mundo de los cuerpos
y las sensibilidades. La escucha sería esa *otra atención* que necesitamos. Esa escucha nos permite dar voz al malestar y sus potencias.

　　¿Cómo se hace? No lo sé. Siempre es arriesgado dar soluciones,
recetas, decir cómo se hace. Porque de ese modo recaemos en la
función psi. ¿Cómo no traducir el discurso sobre el síntoma en un
discurso de *coaching*, de autoayuda, el discurso neoliberal de las prótesis que compensan? ¿Cómo hacemos para vivir con nuestras heridas, límites, angustias? Santiago López Petit, en su libro *Hijos de la*
noche, dice que el malestar hay que politizarlo. No es fácil saber qué
significa eso. ¿Cómo podemos provocar una ruptura radical con el
mundo que se nos propone? El malestar no es sólo lo que nos pasa
a nosotros individualmente, sino la apertura a otras posibilidades
de existencia. Hadot siempre nos previene: «Cuando los griegos
se preocupan por la forma de vida, se preguntan por el cosmos, la
polis y el individuo, no sólo por el individuo».

Me gustaría pedirte, para acabar, algo más sobre los ejercicios espiritua-
les en la actualidad. ¿Cómo podrían ser? No las traducciones literales

de los ejercicios espirituales antiguos —el examen de conciencia de los estoicos, el placer epicúreo de vivir por vivir—, sino las prácticas en el presente. Has nombrado el movimiento de mujeres como ejercicio espiritual colectivo y político: a partir de la politización de una serie de malestares, se crean nuevas formas de vida. ¿Qué más ejemplos te vienen? Hablaste antes de la lectura...

Se me ocurre hablar del escritor argentino Ricardo Piglia. ¿Se conocen por acá *Los diarios de Emilio Renzi*? Son tres libros maravillosos. Tres diarios escritos como ficción, de alguien que ha decidido que la vida es un ejercicio de ficción. El diario constituye a un sujeto como escritor, el diario *se escribe para ser escritor*. Pero ¿qué escribe alguien que no tiene nada que escribir? Empieza a hacerlo sobre cualquier cosa, incluso sobre el hecho de que no tiene nada que decir.

El primer tomo, titulado *Los años de formación,* discurre sobre esto. El segundo tomo trata sobre los años 1970. Piglia cuenta ahí los años de la militancia política, los años felices y terribles antes de la dictadura. ¿Cómo hace el escritor para sobrevivir a la interferencia política? ¿Cómo hace la escritura para sobrevivir a la interferencia política? Y el tercer tomo es sobre la dictadura. El fin del mundo en el que podían hacerse estos ejercicios de escritura.

Piglia viene a decir: «Soy el escritor en la ciudad. Gano plata por escribir, leí todos los libros, les di cursos a todos los psicoanalistas, a los artistas, leí todo lo que tengo que leer, estoy organizado, tengo mi departamento, mi ordenador o máquina de escribir, soy el escritor en la ciudad y soy el único escritor de la ciudad que no escribe. Soy el único que *no puede escribir*». Son unos párrafos muy hermosos sobre la imposibilidad de escribir; la imposibilidad de escribir como momento inicial de una escritura real.

Hay una especie de impotencia que antecede a cualquier potencia. Hay una imposibilidad o una estupidez (como diría Deleuze) que es propia y está inscrita en cualquier cosa que se quiere hacer. Me pregunto si ésa no es una descripción muy rica de lo que podría ser un ejercicio espiritual: descubrir que lo que realmente nos interesa es algo de lo cual a veces estamos aún muy separados. Hay un deseo de algo, un presentimiento de algo que uno quiere hacer, pero también la necesidad de un *atravesamiento* del estado de no saber cómo hacerlo.

La conciencia sobre esa tristeza o impotencia que vivimos cada vez que estamos en procesos afectivos y de creación es lo que el neoliberalismo niega, esa fragilidad o muerte interna es muy exactamente lo que el neoliberalismo no reconoce de la vida. La vida neoliberal es sólo potencia en el sentido de más productividad, más visibilidad, más salud, más disponibilidad al mercado. ¿No es entonces ese atravesamiento de impotencia lo que deberíamos pedirle a los ejercicios espirituales? Situarnos en los lugares donde, para hacer lo que queremos hacer, primero hemos de pasar por no saber, por no entender, por ser estúpidos. «Soy el único en esta ciudad que no puede escribir», dice Piglia. Pero sin embargo ya está en ello, ya está metido en algo que le requiere una energía que no tiene todavía.

Una atención dispersa: imágenes y experiencia
Andrea Soto Calderón

Dentro los diversos diagnósticos críticos de las imágenes, existen amplios análisis sobre la complicidad de las imágenes con las crisis de la atención de las sociedades contemporáneas, ya sea en sus formas de multitarea, el *zapping*, la intolerancia al aburrimiento o lo que se ha denominado *distracción crónica*; y se señala la responsabilidad que las imágenes tienen en este empobrecimiento sensible. Frente a los distintos discursos que insisten en declarar a las imágenes como no aptas para criticar la realidad, he intentado proponer una línea digresiva acerca de las abundantes sospechas que pesan sobre ellas.[30] En este sentido, mi propósito no ha sido el de establecer una definición que diga qué es lo propio de las imágenes, sino poner el énfasis en el hecho de que las imágenes son principalmente un trabajo. Sin duda las imágenes pueden informar, entretener y alienar; pero también pueden organizar: ellas abren un campo que permite disputar el terreno de lo sensible, desarrollar otra fantasmagoría, abrir otras economías de deseo.

En la situación actual urge preguntarnos por modos de imaginar las realidades sin imágenes, cómo contravenir los imaginarios predominantes para estar atentas a las prácticas que están emergiendo, lo que la gente está haciendo. Las prácticas imagéticas de la industria cultural se basan en una lógica: la búsqueda de imágenes que con un mínimo esfuerzo produzcan un máximo efecto, porque son las imágenes que mejor circulan. Nuestra pérdida de participación en

---

30. Andrea Soto Calderón, *La performatividad de las imágenes*, Metales Pesados, Santiago de Chile, 2020.

la producción de símbolos, ya sean culturales, símbolos intelectuales o símbolos de la vida sensible, produce un desmoronamiento que genera una desorientación no sólo en términos colectivos sino también individuales.

Para liberar procesos de cura de las imágenes, es preciso preguntarnos también por cuál puede ser la forma de tomar, acoger y levantar imágenes. No es casual que la expansión económica y el flujo de capitales vayan de la mano del establecimiento de hegemonías visuales. Los iconos de la globalización son imágenes estandarizadas que se presentan como imágenes del mundo. Las imágenes ocupan un lugar estructurante en los modos de organización de la vida y pueden efectuar sus modos de subversión. Las imágenes son artefactos de potencia poética y política, pero para activar su fuerza es necesario dejar de remitirlas al imaginario de entes pasivos a los que nos adherimos sin resistencia. Si se quiere explorar una mirada crítica de la cultura visual en lo que a sus acuerdos con los modos de producción del capitalismo tardío se refiere, es necesario comprender sus operaciones y funcionamientos, pero sobre todo sus lógicas, esto es, el modo en que articulan sus relaciones.

Atención en la dispersión

En el contexto de un análisis de diversos procesos de transformación, tanto de las distintas relaciones de la mirada como de cambio profundo de las formas de percepción y de los modos en que se configura la experiencia, Walter Benjamin, en su conocido ensayo *La obra de arte en la era de su reproductibilidad técnica* (1936), no sólo realiza un agudo análisis sobre la atrofia de las capacidades perceptuales y de las formaciones dominantes del espacio colectivo, sino también de cómo esas transformaciones no se articulan a partir de una mera oposición a los medios técnicos que estaban emergiendo.

Al contrario, lo hacen por medio de ellos, introduciendo hábitos, ideas y costumbres, de ahí su profunda ambivalencia; operan en la captura y empobrecimiento de la experiencia, pero, al mismo tiempo, lo hacen sobre su capacidad de inventiva.

Esa misma inestabilidad está presente en el análisis que hace Benjamin en torno a las masas, de ahí sus esfuerzos en desfigurar la idea de masa burguesa como una masa compacta. Las masas son para él «una amorfa multitud de transeúntes».[31] Desde luego que su análisis crítico no desconoce el rol que desempeñan los medios masivos de comunicación en las nuevas formas de construcción de identidad. Los modos de comportamiento personales y colectivos —incluso del cine, «el enorme volumen de imágenes del comportamiento humano que pone en circulación el cine y la fotografía convierte a los consumidores de esas mismas imágenes en objetos posibles de estandarización y "comodificación"»—,[32] promueven una reproducción masiva de actitudes y actividades humanas. Pero al mismo tiempo, sostiene Benjamin que «el público es un examinador, es un examinador que se dispersa».[33]

Esta aseveración tiene un carácter sísmico en el propio desarrollo del pensamiento de Benjamin, ya que su posicionamiento en favor de la distracción y las posibilidades que ésta aporta en los procesos de transformación emancipatoria se ve disminuida, e incluso negada, en otros textos. Es más, Benjamin incluso vincula la distracción a los procesos de autoalienación destructivos del capitalismo,

31. Miriam Bratu, *Cine y experiencia. Siegfried Kracauer, Walter Benjamin y Theodor Adorno*, El cuenco de plata, Buenos Aires, 2019, pág. 169.
32. *Ibid.*
33. Walter Benjamin, *La obra de arte en la era de su reproductibilidad técnica*, Discursos interrumpidos I, Taurus, Buenos Aires, 1989, pág. 55.

tal como desarrolla en su texto «París, capital del siglo xix».[34] A pesar de la aparición fugaz y tambaleante de esta reflexión benjaminiana, me interesa pensar qué apertura introduce. No tanto la función crítica o evaluadora de la distracción, sino la posibilidad de pensar en otras formas de experiencia descentrada, de acoger rigurosamente al movimiento que introducen los nuevos medios en las formas de organización e infraestructuras de lo cotidiano, modificando el modo y la manera en que operan, engendrando un cambio de sensibilidad.

Por una parte, a Benjamin le interesa diferenciar entre las masas burguesas y las masas proletarias. Éstas últimas se disgregan y pierden su carácter compacto, pero, al mismo tiempo, observa que «esta posibilidad histórica se ve obstruida por el fascismo, que moviliza a las masas estandarizándolas, racializándolas y militarizándolas, preservando así su carácter compacto y perpetuando sus instintos contrarrevolucionarios».[35] A partir de este interés por alterar la falsa homogeneidad de la masa que se impone como sentido común generalizado, Benjamin explora en algunos pasajes de su obra cómo la risa afloja a la masa, o cómo pensar —desde las posibilidades que abren Chaplin o Micky Mouse— en el movimiento, el ritmo y las alteraciones que pueden conmover esa tendencia a una configuración compacta. Y, de igual manera, cómo poder intervenir en el imaginario según el cual la estandarización es el único modo de darse. De hecho, Benjamin señalará a la arquitectura como un caso que estruc-

---

34. La primera interpelación que tuve de este sintagma «el público es un examinador, es un examinador que se dispersa» fue en una de las reiteradas lecturas del texto de Benjamin. Sin embargo, la inestabilidad de la misma noción la he encontrado en el riguroso análisis que realiza Miriam Bratu, en el apartado «Actualidad y antinomias», Miriam Bratu, *Cine y experiencia, op. cit.*, págs. 139-180, lectura que agradezco enormemente a Eduardo Maura haberme recomendado.

35. Miriam Bratu, *Cine y experiencia, op.cit.*, pág. 172.

tura un modo de recepción en la distracción, que se define por su uso y por constituir otra forma de percepción.

Las prácticas imagéticas requerirían comprender qué tipo de experiencia es la de la atención en la dispersión. Podríamos decir que esta denuncia ininterrumpida sobre los modos en que se efectúa la atención en la actualidad es la actualización de una antigua querella que ya se le hacía al cine en sus comienzos por ser una forma de arte para las masas: *las masas buscan disipación, el arte reclama recogimiento.* Contrario a estos planteamientos, podríamos decir que la pregunta crítica que nos interesa hoy pasa por interrogarse acerca de cómo ejercitar modos de relación que no predispongan una recepción orientada que ha sido capturada en una única dirección.

Activar la capacidad crítica de las imágenes no tiene que ver con construir una escuela de la mirada que nos enseñe a mirar fijamente, leer, interpretar o decodificar imágenes; tampoco por determinar parámetros sobre cómo debemos ver las imágenes o qué habríamos de ver en ellas; más bien se trata de poner en cuestión varios de estos imperativos.

Paradojas de la atención

Jonathan Crary, en *Suspensiones de la percepción. Atención, espectáculo y cultura moderna* (1999), sostiene que la atención tiene una naturaleza paradójica, ya que, por una parte, las diversas crisis de atención de la sociedad contemporánea afectan a la creatividad y la experiencia pero, por otra parte, «nuestra manera de contemplar y escuchar es el resultado de un cambio crucial que se produjo en la naturaleza de la percepción en la segunda mitad del siglo XIX».[36] Esta transfor-

---

36. Jonathan Crary, *Suspensiones de la percepción. Atención, espectáculo y cultura moderna*, Akal, Madrid, 2008, pág. 11.

mación está íntimamente vinculada a la formación subjetiva necesaria para poder focalizarse en los requerimientos y exigencias de las nuevas formas de producción. Es más, la capacidad de prestar atención, tal y como se formula en el imaginario colectivo, esto es, poder concentrarnos en algo, es «la capacidad para poder desconectarse de un amplio campo de atracción, con el fin de centrarse en un número reducido de estímulos».[37] Formar la habilidad de poder desarrollar *retazos y estados inconexos* implica una profunda y compleja rearticulación subjetiva que se hace necesaria en un momento histórico en que la percepción debe adaptarse a la fragmentación y la parcialización de la experiencia.

Me parece primordial no desestimar este carácter profundamente ambivalente de la atención, esta paradoja que señala Crary entre el imperativo de mantener una atención «concentrada en la organización disciplinada del trabajo, la educación, el consumo de masas y la idea de una atención continuada como elemento constitutivo de una subjetividad libre y creativa».[38] La atención se convierte en un problema crucial en el mismo momento en que emerge una subjetividad productiva y controlable, en las exigencias de separación moderna de las experiencias sociales y la autonomía subjetiva, cuando se hacen necesarias estrategias a partir de las cuales aislar a los individuos como parte de los procesos de racionalización y modernización. De ahí que sea tan importante atender a esta genealogía que traza Crary para pensar en los límites y los fracasos del *individuo atento*.

La idea de atención se ha ido modulando desde una multitud de técnicas que organizan aquello hacia lo cual la percepción se orienta. La atención se configura entonces como «modelo de cómo el

37. *Ibid.*
38. *Ibid.*, pág. 12.

sujeto podía mantener un sentido coherente y práctico del mundo»,[39] asegurando que el sujeto fuese productivo y disciplinado, como analizará ampliamente Michel Foucault. De hecho, es sintomático que en las así denominadas *patologías de la atención* su mayor amenaza lo sea para la productividad y el rendimiento. En este sentido, la pregunta que abre Crary acerca de por qué la atención se convirtió en un problema, encuentra hoy toda su actualidad, ya que reenvía al interés por las maneras en que se utiliza la atención, los usos a los que sirve y los múltiples estratos que compromete.

En muchos imaginarios la atención remite a una situación de lectura, recogimiento y a la capacidad de detenerse en algo; ésta no parece ser la situación necesaria para el análisis de las imágenes, aunque sí la de dar el tiempo necesario para que una relación crezca. Para que el pensamiento no pierda su fuerza crítica es muy importante no aplicar categorías heredadas, como si éstas pudieran desprenderse fácilmente de sus inscripciones materiales y de sus historias de formación. Por su puesto que los conceptos migran y tienen su propia historia de desplazamientos, pero es decisivo no borrar las huellas de sus configuraciones. Desde luego que en la palabra «atención» resuena también la de tensión,[40] entendida como mantenerse en algo. Ahí habita la potencia de la indeterminación de la percepción atenta, pero también la composición contradictoria de sus usos como base para unos modos específicos de modelado de la experiencia. Ésta es una dimensión importante que no podemos soslayar. En muchas ocasiones «la atención» ha sido incorporada a través de arduos regímenes disciplinarios. Desde esta perspectiva, la pregunta por cómo los cambiantes procesos de estructuración del capitalismo nos fuerzan *al límite de la atención y la distracción* ha de ser for-

39. *Ibid.,* pág. 14.
40. *Ibid.,* págs. 18-23.

mulada. No es posible ignorar que la idea de sujeto racional se ha formado desde la predominancia de entender al sujeto en términos de su capacidad de atención. No podemos dejar de mostrar nuestras reservas a las equivalencias de una *atención concentrada* con una *conciencia despierta*.

Quizás no se trate tanto de *dirigir* la atención cuanto de *digerir* la atención, sentir las vísceras de ese movimiento que nos inquieta. Precisamente estar a la escucha de una situación, tener cura de lo que se está formando, extenderse hacia algo, requiere no establecer relaciones conocidas con lo que entramos en contacto. En gran medida, cultivar un vínculo es un ejercicio de des-aprendizaje y disposición a vibrar con otro, experimentar su pulso. Como afirmaban Adorno y Horkheimer en *Dialéctica de la ilustración* (1944): «La regresión de las masas consiste en la incapacidad de poder oír con los propios oídos aquello que aún no ha sido oído, de tocar con las propias manos aquello que aún no ha sido tocado».[41] Estar en disposición de apertura a lo que se está haciendo es una operación que no siempre se articula en una detención. Muchas veces procede por rodeo, por procesos de intensificación, por insistir de manera recurrente en algo, pero aproximándose por lugares diferentes y desde perspectivas que no buscan articular un centro sino que se perfilan lateralmente.

Si pensamos en el tipo de contacto que las imágenes solicitan y en las condiciones materiales de su producción, los modelos de atención a los que suelen remitir los discursos que alertan sobre la discrepancia entre el exceso de información y la escasez de la atención se quedan como mínimo estrechos para comprender la realidad de esa forma de conocimiento y experiencia sensible.

41. Theodor Adorno y Max Horkheimer, *Dialéctica de la ilustración*, Trotta, Madrid, 2018, pág. 88.

Superficies de contacto

¿Cómo medir el tiempo de atención necesaria que requiere una imagen? ¿Cómo atender sólo a una imagen si las imágenes son siempre múltiples y relacionales? ¿Cómo introducirse en la temporalidad de las imágenes si ellas no representan el tiempo sino que producen un tiempo específico?

Aumentar el tiempo de contacto con una imagen no revierte necesariamente en un incremento de atención, pues existen experiencias fugaces que introducen una alteración decisiva en nuestra organización vital. Desde luego, todos los procesos formativos, por muy intensos que sean, necesitan efectuar su desarrollo, anidar en los pliegues sus restos y sus zonas larvarias. La experiencia está formada por superficies a las que generamos adherencia. Por ello, cada modo de atención depende de las superficies de contacto que la constituyen. Así pues, si comparamos las modalidades de atención que solicitan las imágenes actuales con la concepción de contemplación del siglo XVIII, no estamos contribuyendo a desarrollar modos de existencia que no colaboren con la tendencia destructiva de casi todas las formas de progreso. No es en un llamado a la concentración donde se trabaja la capacidad de sostener situaciones de conflicto o desde donde se articula una crítica a la contracción creativa y al debilitamiento de las fuerzas imaginantes, sino en activar otras relaciones con el mundo.

Hartmut Rosa propone el concepto de «resonancia».[42] Si bien tengo mis reservas con el desarrollo que formula, me parece que es un concepto apropiado para pensar modos de atención en flujo, para generar situaciones de apertura en las que puedan germinar relacio-

---

42. Hartmut Rosa, *Resonancia. Una sociología de la relación con el mundo*, Katz, Madrid, 2019. Agradezco a Marta Dahó por esta referencia.

nes inesperadas interrumpiendo el ritmo frenético de las sociedades contemporáneas, para tejer relaciones receptivas que acojan lo otro en su forma y pueda ser transformado en esa afección. No como expresión pasajera de un determinado estado anímico o emocional; antes bien, lo que afecta crea una configuración nueva. Como sostiene Georges Didi-Huberman, los afectos nos sublevan de los hábitos que nos habían sujetado a nosotros mismos.[43]

Hartmut Rosa comenta el caso de los románticos que «inventaron una forma de amar que se tradujo en nuevas formas sociales»[44] y, de igual manera, inventaron un nuevo vínculo con la naturaleza. Esto introduce el problema de cómo pensar relaciones inventivas en la actual crisis generalizada de las relaciones, cómo activar lazos afectivos con lo que nos entorna. En este sentido, la resonancia no consiste en experimentar el propio eco que se devuelve amplificado por una superficie que lo contiene; al contrario, la resonancia aporta algo nuevo. El argumento de Rosa se construye sobre la hipótesis de que en las formas actuales de capitalismo ha acontecido un «enmudecimiento de los ejes de resonancia en un mundo que está marcado por relaciones de indiferencia»,[45] pero también ha tenido lugar una pérdida de reciprocidad en las condiciones extractivas e individualistas, que se han intensificado. Así, para él, la resonancia surge cuando «la vibración de un cuerpo estimula la vibración de otro».[46] De alguna manera, resonar es una reacción a otros cuerpos. La piel,

---

43. Georges Didi-Huberman, «Faits d'affects» de 1/12, seminario del 15 de noviembre de 2021, CRAL – Centre de recherches sur les arts et le langage - Auditorium INHA, París.
44. Hartmut Rosa, *Remedio a la aceleración. Ensayos sobre la resonancia*, NED Ediciones, Barcelona, 2019, pág. 92.
45. Hartmut Rosa, *Resonancia, op. cit.,* pág. 79.
46. *Ibid.,* pág. 215.

por ejemplo, es un órgano de resonancia, respirar es una relación comunicativa con el mundo. Isabel de Naverán entiende esta relación como una vibración o, si se quiere, como un ritmo, una capacidad de respuesta, como «cuando estás en una habitación y notas que el aire se pone más denso, que parece que hubiera entrado alguien más allí».[47] Cada cuerpo, cada cosa, tiene una materialidad interna y una temperatura. Y podemos ser sensible a ella o no. Pero necesitamos sentir esa respiración compartida para *sacudir* la historia, para mover las formas de vida que *nos vienen dadas*, que *llevamos puestas*, si lo que queremos es que pueda abrirse un tiempo que brota sin figura, en el decir de María Zambrano.

Así, podríamos ampliar la comprensión de resonancia, que proviene más bien del sonido, pero que bien puede ser extendida hacia las imágenes, para ubicarla como uno de los tantos modos de apertura a una relación. Es en este sentido que a Benjamin le interesaban las nuevas formas de experiencia que posibilitaban los nuevos medios, cuando sostenía,

Parecía que nuestros bares, nuestras oficinas, nuestras viviendas amuebladas, nuestras estaciones y fábricas nos aprisionaban sin esperanza. Entonces vino el cine y con la dinamita de sus décimas de segundo hizo saltar ese mundo carcelario […] Con el primer plano se ensancha el espacio y bajo el retardador se alarga el movimiento. En una ampliación no sólo se trata de aclarar lo que de otra manera no se vería claro, sino que más bien aparecen en ella formaciones estructurales del todo nuevas. Y tampoco el retardador se limita a aportar temas conocidos del movimiento, sino que en éstos descubre otros enteramente desconocidos que «en absoluto operan como lentificaciones de movimientos más rápidos, sino propiamente en cuanto movimien-

47. Isabel de Naverán, *Envoltura, historia y síncope*, Caniche, Bilbao, 2022, pág. 47.

tos deslizantes, flotantes, supraterrenales. [...] Es corriente que pueda alguien darse cuenta, aunque no sea más que a grandes rasgos, de la manera de andar de las gentes, pero desde luego que nada sabe de su actitud en esa fracción de segundo en que comienzan a alargar el paso. Nos resulta más o menos familiar el gesto que hacemos al coger el encendedor o la cuchara, pero apenas sabemos algo de lo que ocurre entre la mano y el metal, cuanto menos de sus oscilaciones según los diversos estados de ánimo en que nos encontremos. Y aquí es donde interviene la cámara con sus medios auxiliares, sus subidas y sus bajadas, sus cortes y su capacidad aislativa, sus dilataciones y arrezagamientos de un decurso, sus ampliaciones y disminuciones.[48]

En su análisis, el cine enriquece nuestro mundo perceptivo y habilita en su medio otras posibilidades para la autorrepresentación, para jugar con el medio y responder a él de un modo no predeterminado. Esa potencia de las imágenes fue herida por un tiempo histórico, pero su reserva sigue latente.

Una atención flotante

Para indagar en la fuerza crítica de las imágenes es fundamental suspender la agresividad abierta contra ellas; e interrumpir también el desprecio declarado por las apariencias. Profundizar en los procesos formadores de las imágenes exige hacerlo siempre desde sus bordes, sus pliegues, sus superficies. En un proyecto mucho más tardío al de Benjamin o Adorno, el filósofo francés Jean François Lyotard propone un pensamiento que nace de un intersticio, en la hendidura existente en el espacio del discurso, que él denomina *pensamiento figural*: «[...] Lo dado no es un texto, hay en él un espesor, o me-

---

48. Walter Benjamin, *op. cit.*, pág. 48.

jor dicho una diferencia constitutiva que no debemos leer, sino ver; que esta diferencia, y la movilidad inmóvil que la revela, es lo que continuamente queda olvidado en el significar».[49] El espacio figural sería aquel que se configura entre lo textual y lo plástico, entre lo legible y lo visible, en donde lo decible y lo visible se intercambian sin cesar. Lyotard sostendrá que «[...] Desde sus orígenes, nuestra cultura ha obstruido en profundidad la sensibilidad del espacio plástico»,[50] ha existido en la tradición una marcada tendencia a privilegiar el espacio textual, omitiendo que cuando un trazo obtiene su valor lo hace recurriendo a su capacidad de resonancia corporal que se inscribe en un espacio plástico.

Hay también una herida que hiende lo figurativo, una herida perpetrada en el seno de la imagen. De ahí surge la noción «plástica de lo figural». Fisura donde la imagen no se abre a un espacio textual, sino a uno plástico, figural. Esta propuesta de Lyotard implica también un desplazamiento en la concepción misma de la imagen. Es el tránsito desde de una comprensión de la imagen entendida como «objeto de la vista», que de forma pasiva se da al sujeto de conocimiento, y es protagonista de una relación cognoscitiva con la imagen, a la imagen concebida como «acontecimiento dentro del campo visual».

«Estas inquietudes son vistas en un primer momento como insubordinaciones de la materia, la necesidad de *bullir de las cosas*, aquello que requería "una atención flotante";[51] más tarde la atención de Lyotard se desvía y lo que en sus comienzos aparece como una multiplicidad indeterminada, más tarde figura como "lo indecible"».

---

49. Jean François Lyotard, *Discurso, figura*, Gustavo Gili, Barcelona, 1979, pág. 29.
50. *Ibid.*, pág. 224.
51. Jean Louis Déotte, *¿Qué es un aparato estético? Benjamin, Lyotard, Rancière*, Metales Pesados, Santiago de Chile, 2012, pág. 36.

Para enriquecer los movimientos de las formas, las perspectivas facilitadas por las remisiones al significante muestran desde hace tiempo sus límites. Las formaciones de las imágenes implican al concepto, pero también al canto, a la danza, al cuerpo; y necesita otras metáforas además de la de la lectura. Es probable que las imágenes tengan más cercanía con el brotar que con la sintaxis de la escritura y los modos en que ésta efectúa el sentido. Aquello que es visto necesita ser prolongado, transformado por el recuerdo y la palabra, pero no sometido a su estructura.

Si queremos subvertir nuestras formas de relación, así como nuestras rutinas visuales; si queremos resistir a las múltiples modalidades de la impotencia del pensamiento y la acción, entonces hemos de experimentar con las formas, crear nuevos modos de relación y profundizar en el compromiso con las que hemos engendrado. Restituir sus fracturas a los espacios que se presentan como continuos y hacer lugar para el movimiento erótico que nos empuja a darnos otras formas. Una cuestión de tensión.

INFANCIA, ESCUELA Y CUIDADOS

El capitalismo neoliberal no consiste sólo en estructuras económicas o políticas, sino en un «régimen de intensidades» que nos vuelve sujetos ansiosos, agitados, saturados. José Ramón Ubieto y Marino Pérez Álvarez lo llaman «régimen de lo hiper» (hipercomunicación, hipersexualización, hiperproducción). ¿Qué efectos tiene sobre la infancia?

Atención y atender están próximos, aunque no signifiquen lo mismo. ¿Qué aporta la nueva ola feminista, organizada en torno a la reflexión y las prácticas de los cuidados, a la hora de pensar esta cuestión de la atención? ¿Qué tipo de atención supone el cuidado? ¿Qué mundo produce? ¿Qué condiciones requiere? Marta Malo despliega ese debate complejo proponiendo pensar el cuidado como capacidad de crear y recrear mundo, que demanda un pensamiento práctico de sus infraestructuras.

La escuela, como tantas otras instituciones actuales, no puede pensarse a partir de lo que declara sobre sí misma, sino sólo partiendo de las prácticas que la constituyen a diario. Eso nos exige entonces una atención *lateral*: al detalle, al conflicto, a lo que aflora como síntoma revelador. Es el acercamiento que practica desde hace muchos años Silvia Duschatzky: pensar por problemas, atender los detalles, escuchar las existencias menores, las señales afectuales.

Podríamos tal vez condensar el pensamiento filosófico de Simone Weil en la cuestión central de la atención, entendida como una capacidad de espera o pasividad activa que interrumpe los automatismos y nos pone en disposición de recibir lo desconocido que habita cada situación. Este texto que publicamos como cierre fue un eje central en toda la configuración de pensamiento que dio lugar, primero, a las jornadas de Tabakalera y, después, a este libro.

Niños hiper, déficit de atención y la importancia de aburrirse: conversación con José Ramón Ubieto y Marino Pérez Álvarez

Jugar, curiosear, preguntar, aventurarse, tantear, probar y equivocarse, volver a empezar Así se aprehende el mundo en la infancia, dándose tiempo para mirar y comprender. Pero en la sociedad del rendimiento los niños y las niñas caen también bajo el «régimen de lo hiper»: exceso de estímulos, prisa por concluir, satisfacción inmediata vía consumo. ¿Qué pasa con la infancia cuando llenamos su «tiempo de comprender» con objetos y actividades? Se observan patologías de la atención, unificadas bajo la etiqueta de Trastorno de Déficit de Atención e Hiperactividad (TDAH).

Según Jose Ramón Ubieto y Marino Pérez Álvarez, en su libro *Niñ@s hiper: infancias hiperactivas, hipersexualizadas e hiperconectadas*, ese diagnóstico patologiza los efectos que provoca nuestra sociedad en la infancia al clasificarlos como un trastorno mental y, de esa manera, nos ahorramos una reflexión crítica sobre nuestras formas de vida. ¿Qué es el TDAH, qué hace el diagnóstico? ¿De qué sirve la medicación asociada? ¿Existen alternativas a la solución farmacológica? ¿Hay otras formas de acompañamiento de la infancia? Esta conversación con Amador Fernández-Savater tuvo lugar el 23 de enero de 2019 en una sala abarrotada de padres, madres y chicos afectados por el diagnóstico de déficit de atención.

Lo primero es preguntaros cómo habéis llegado hasta aquí. Los dos sois psicólogos, habéis estudiado y practicáis la psicología, pero ¿cómo llegasteis a interesaros en el tema de infancia y, en concreto, en el problema del TDAH? ¿Cuál es el motor intelectual o existencial de este acercamiento?

El eclipse de la atención

José Ramón Ubieto. No pensaba empezar haciendo un *striptease*, pero expondré mi caso. Me he interesado en estos temas y he trabajado en ellos durante años, básicamente *porque yo fui un TDAH*. Sin saberlo, y sin saber tampoco qué era el TDAH, porque tuve la suerte de crecer en un pueblo del Pirineo aragonés donde no había nada que empezase por «psi» ¡salvo sifones! Ni psiquiatras, ni psicólogos, nada.

Digo que fue una suerte para mí porque yo era un trasto total. Un trasto que hacía trastadas como corresponde y que tenía a mis padres muy inquietos por esa agitación que no se sabía muy bien qué era o de dónde venía. El único servicio de salud mental que yo tuve estaba en casa. Mi madre me hizo el primer diagnóstico de mi vida: «Eres un inconsciente». ¡Le debo a ese diagnóstico mi orientación profesional adulta! Pero sólo entendí esa frase años después.

La primera solución a esa agitación me la dio mi padre. Un día me dijo: «Los he visto más rápidos». Eso me ayudó mucho. Mi padre regentaba un bar y yo le ayudaba a atender a los parroquianos. En aquel entonces no había ningún servicio de protección a la infancia, un niño podía trabajar perfectamente. No tengo ningún trauma por ello, me tocaba ayudar a mi padre y ya está. Cuando venía alguien y yo estaba ahí como auxiliar de camarero, mi padre me decía eso de «los he visto más rápidos». Digo que me ayudó mucho porque me indicaba una manera de poner el cuerpo, le daba una dirección a mi agitación.

¿Qué es la hiperactividad? Un exceso de actividad. Un hiperactivo es alguien que tiene el cuerpo muy activado y no sabe cómo traducir parte de esa agitación.

Así que, afortunadamente, yo tuve un tratamiento familiar que me fue bastante bien. Esas dificultades que viví en la infancia me conectan hoy con los chicos y las chicas que atiendo, aunque las suyas no sean exactamente las mismas que las mías. Pero aprendí algo: si

150

yo tuve en la infancia un trastorno de la atención fue porque mis padres se tenían que ocupar de lo que se tenían que ocupar, es decir, de trabajar. Entonces, cuando hablamos de déficit de atención, ¿a quién nos referimos, a los niños o a sus padres? El primer déficit de atención es el de los padres que están a lo suyo y no atienden. Por aquí creo que hay una primera respuesta.

Marino Pérez Álvarez. Yo he llegado a interesarme por los problemas de hiperactividad por dos motivos. Uno más cercano y otro más distante. El más cercano tiene que ver con una investigación que realicé con otro colega de facultad en 2007 sobre los trastornos de la vida adulta, como la fobia social y otros. Esa investigación concluyó en un libro llamado *La invención de los trastornos mentales*. Esos trastornos no son como el resto de las enfermedades. Eso no quiere decir que no existan, que se los invente el sujeto, pero no son exactamente enfermedades orgánicas. Un psicólogo escolar que leyó el libro nos persuadió de investigar el TDAH y nos pusimos los tres a ello: qué se sabe sobre él, cómo se entiende, cuál es la respuesta. A partir de ahí he seguido enganchado al tema y publicando libros: *Volviendo a la normalidad* (2013), *Niños hiper* con José Ramón y *Más Aristóteles y menos Concerta* (ambos en 2018, en NED Ediciones). Concerta es el medicamento habitual para los niños y adultos diagnosticados con TDAH. Ése sería el primer antecedente.

El antecedente más lejano es que he sido psicólogo clínico en centros escolares de Oviedo durante la década de los ochenta. En esa época ya se estaba definiendo lo que sería luego el TDAH y se recetaba Ritalin, lo que hoy se denomina Concerta. Llegaban, por parte de padres y profesores, preguntas sobre niños inquietos con dificultades para seguir las clases y demás. Y tanto el pediatra como yo evitábamos ofrecer un diagnóstico, trabajábamos los problemas a partir de los contextos familiares y educativos. Conversaba con los niños, los profesores y los padres dando ayudas y consejos; una vez incluso me alié con un niño para modificar la conducta de un profesor en relación con él. El niño se daba cuenta de que recibía atención cuando se portaba mal y adopté con él una estrategia para que el profesor lo pillara portándose bien. También me confabulé con el profesor y generé así un círculo. Lo cito sólo como ejemplo de una manera alternativa de abordar los problemas, acompañando en lugar de ofrecer un diagnóstico, interviniendo en el contexto y asumiendo que estos trastornos no son enfermedades como las demás.

¿Infancias felices?

Estos elementos biográficos ya nos ayudan a entender buena parte de vuestras propuestas: traducir la energía excesiva de manera creadora, no verla sólo como un problema a resolver; elaborar respuestas contextuales en lugar de pensar el fármaco como respuesta única y general. He sentido vuestro libro recorrido por un amor a la infancia. ¿Qué sería para vosotros una buena infancia, si se puede hablar en esos términos? ¿Qué habría que cuidar para que ese tiempo de la vida sea pleno, feliz incluso?

José Ramón. Bueno, infancias felices de modo absoluto sólo existen las que recordamos. No lo fueron pero las recordamos así. Una infancia buena, en mi opinión, es aquella donde los niños tienen el *tiempo necesario* para hacerse mayores y los padres se lo dan. Parece una obviedad, pero es muy importante. Yo tuve una buena infancia porque al vivir en un pueblo tenía muchas horas para perderme por cualquier lado. Me podía aburrir y tenía que apañármelas, inventando todo tipo de cosas. Había muy pocas pantallas, en casa sólo se veía la 1 de Televisión Española, ni siquiera la 2. Así que tenía todo el tiempo del mundo.

Una infancia tranquila es también aquella que no está demasiado vigilada por los especialistas. Un problema actual es que la infancia está demasiado pautada. Tenemos la ilusión de que podemos saber qué ha de hacer un niño a los cuatro años, a los cinco y a los seis; una ilusión errónea y perjudicial. Es una idea muy propia del *management*, de la cultura de empresa, donde todo se sabe y se programa. Pero la vida no es un departamento de producción. La vida no se gestiona, se vive. Escucho a padres que están muy preocupados porque su hijo de seis años no sabe leer mientras que su primo de la misma edad sí. ¡Pero es que los dos niños son distintos! En Finlandia, un país con resultados escolares muy buenos, no aprenden a leer hasta los siete u ocho años. Esa idea de ir avanzando siempre es una idea neoliberal. Toma a los niños como productores que han de rendir al máximo y va en contra de una infancia feliz.

Freud decía que «la infancia es un tiempo para comprender y no para concluir». No hay que decidir qué identidad sexual tendré, qué identidad política tendré, qué carrera haré, la infancia es para aburrirse, jugar, curiosear. Lo mejor que podemos alentar son niños curiosos, pero estamos colonizando la infancia con los ideales adultos. Los queremos como nosotros: emprendedores, con varios idiomas, que hagan gimnasia rítmica, etc. Proyectamos nuestros ideales sobre ellos, nuestro modo de funcionar. Los queremos hiperactivos, hiperconectados e hiperestimulados.

Marino. Es una pregunta importante pero muy complicada. Y a la vez prejuzga ya muchas cosas. Hay un problema en relación con la felicidad porque nadie puede declararse feliz hasta el final de la vida. Puedes estar feliz ahora y en el momento siguiente no. Si estuvieras continuamente feliz, ¿cómo lo sabrías? Al final, seguramente es más feliz quien no ha tenido la felicidad como criterio y referencia permanente para medir cada momento de su vida.

Sin embargo, los niños han aprendido a medirlo todo —lo que pasa en el aula, en el recreo, en tal o cual actividad— por lo «diver» que es. Pero muchas cosas en la vida no son divertidas ni tienen que serlo: aquello que nos requiere un esfuerzo, lo que implica una cierta inquietud, el aburrimiento que decía José Ramón... Si todo lo medimos por la felicidad y la diversión, no vamos a saber tolerar estas situaciones.

Los adultos sabemos por experiencia que la vida no nos depara una felicidad continua, tiene altos y bajos y hay que estar preparados para ellos. Prepararse para la edad adulta también consiste en esto. La escuela, como pasaje hacia la adultez, debe contemplarlo. Lo más importante en la vida es estar atento a lo que se está haciendo, no ser feliz todo el rato. Esa medición constante de todo, en términos de felicidad y diversión, en el fondo es distractora.

El régimen de lo hiper

Hablemos del «régimen de lo hiper». No sólo afecta a los niños, sino que es el modo de ser del neoliberalismo como contexto social actual. Lo hiper tiene, según vosotros, tres declinaciones: hiperactividad, hiperconexión e hipersexualización. Explicadme algo más sobre el régimen de lo hiper y esos tres aspectos en los que se manifiesta.

José Ramón. Lo hiper es el régimen donde vivimos todos. Pongo un ejemplo. Justo acaban las navidades: ¿cuántos regalos han recibido los niños? ¿Cuántos regalos hemos comprado nosotros? ¿Cuánta comida? Lo hiper es eso. Una sociedad cuya medida, cuyo criterio, es obtener la satisfacción máxima a través de los objetos. Las referencias se basan en el último móvil o el último coche; hemos reducido la satisfacción al objeto. Las vidas de los niños están demasiado llenas.

Los objetos y los medicamentos no formaban parte en tanta medida de las infancias hace cuarenta años. ¿Por qué es un problema *llenar* con objetos y medicamentos la vida de los niños? Porque aplasta el deseo. Para que haya deseo tenemos que notar un poco de vacío, tiene que haber un poco de falta; eso es el aburrimiento. Y el deseo es invención, pensamiento, creación. El psicoanalista Jacques Lacan decía: «El aburrimiento es el deseo de otra cosa». Es decir, para desear tienes que aburrirte. Si tienes de todo, si estás lleno y completo, todo el día conectado a una máquina, no deseas nada.

Hoy los intervalos de vacío se acortan. Antes, si nos regalaban una espada o una muñeca en navidades, teníamos un año para satisfacernos con esos objetos y le sacábamos buen partido. Porque se pueden crear todos los mundos a partir de una espada o de una muñeca, lo sabemos. Pero ahora Un paciente mío fue un día a la FNAC con su padre a comprar un videojuego. Cuando volvían a casa recibieron un mensaje de móvil en el que la empresa les agradecía la compra y les informaba de que existía la siguiente versión de ese mismo videojuego. Mi paciente se cabreó mucho: «Pero entonces, ¿qué he hecho yo? Me acabo de comprar algo y ya lo hay mejor». El intervalo de satisfacción entre regalo y regalo, entre objeto y objeto, es nulo. Lo rellenamos constantemente. Y lo lleno aplasta el deseo. Eso es lo hiper.

Lo mismo ocurre con los medicamentos. El Instituto Nacional de Salud Mental de Estados Unidos acaba de sacar un informe: en ese país hay un millón de niños menores de un año que toman psicótropos. ¡Menores de un año con ansiolíticos! Si contamos hasta los dieciséis años, son más de cuatro millones de niños medicados. Es una barbaridad. En España no tenemos esas cifras, pero también está pasando. El exceso no deja que haya intervalo, satura ese vacío en el cual el sujeto, cada uno de nosotros, puede decir la suya y no sólo replicar de manera constante lo que propone el mercado.

Marino. Añadiría que en lo hiper, bajo esas tres referencias de hiper-sexualidad, hiperconectividad e hiperactividad, el problema no es simplemente el exceso, sino que ese exceso va en detrimento de algo que se bloquea. En el caso de la hiperactividad, como hemos dicho, no aprendemos ritmos más lentos con los que funcionar y la experiencia del aburrimiento. En el caso de la hipersexualización, quedan fuera otras maneras de desarrollar los afectos y la amistad, otra temporalidad de las citas y el noviazgo, las ambigüedades que tienen las relaciones, la exploración sexual, etc. Según los modelos sexuales imperantes, hoy todo está ya de entrada, hay que hacer inmediatamente lo que ya se ha visto que se puede y debe hacer, se pierden los pasos que formaban parte de la educación sexual de generaciones anteriores. Y en el caso de la hiperconexión, el exceso de conexión va en detrimento de que los niños mantengan conversaciones con los adultos y relaciones presenciales con otros niños, al estar conectados con otro chico jugando a un videojuego en las redes sociales. Las conversaciones y relaciones en presencia son distintas a las virtuales, imprevisibles y caóticas, sin garantías de satisfacción; en ellas hay conflictos, la necesidad de negociar para arreglarlos, no acaban cuando tú quieres desconectar, etc. La hiperconexión bloquea ese aprendizaje necesario.

Citáis estudios sobre el consumo de pornografía muy impresionantes sobre las edades a las que se accede a un tipo de porno muy extremo.

José Ramón. Sí, voy a citar algunos datos, aunque no quisiera parecer apocalíptico ni tampoco que nos deprimamos. Cada generación tiene sus problemas y los resuelve como puede. La que viene ahora no es peor que la que teníamos antes. Se trata de analizar los desafíos y las condiciones de la infancia actual.

El hecho es que la iniciación sexual de los niños y adolescentes en todo el mundo es el porno. No lo digo yo, sino la ONU en sus informes de 2016 y 2017 sobre violencia de género. El dato es espectacular: el colectivo que más porno online consume en el mundo son los niños de doce a diecisiete años. Un informe australiano que leía recientemente confirma esos datos y añade que el tipo de porno que se consume es más extremo que el que consumen los adultos, con muchas escenas sádicas o masoquistas, es decir un porno *hardcore*.

La buena noticia que daba este segundo informe es que empiezan a surgir los problemas. Al final lo que nos salva es el síntoma, siempre hay algo que falla. Y lo que falla en este caso es que se están disparando los casos de disfunción eréctil en los muchachos. Los adolescentes tienen problemas de impotencia porque es imposible reproducir el porno duro. Ya sólo replicar el porno normal es difícil, pues el porno duro te puedes imaginar Otro síntoma son los desgarros anales en las chicas adolescentes. Porque una de las prácticas habituales del porno es la sodomización, el acto sexual vía anal, algo que tiene más que ver con lo que se ve que con lo que se inventa en el curso de una exploración propia.

La iniciación sexual ha cambiado, antes la exploración solía darse en un grupo de amigos, hoy se hace individualmente ante la pantalla, sin palabras y muy rápido. La respuesta no es la regulación por ley, sino recuperar la capacidad de interlocución, la conversación entre los chicos y sus padres.

La tentación conservadora

Antes de pasar a la cuestión del trastorno de déficit de atención, os quería preguntar algo. ¿Cómo podemos no caer en posiciones conservadoras? Me parece una tentación muy fuerte: frente a este régimen de exceso, proponer la recuperación de los límites tradicionales. Formas más convencionales de familia, una autoridad más vertical, una moral estricta. En esta misma conversación que mantenemos la referencia al pasado es siempre positiva: las cosas eran mejores antes. ¿Cómo evitar las posiciones nostálgicas o melancólicas frente al régimen de lo hiper? ¿Cómo hacemos para no volvernos conservadores?

José Ramón. Lo conservador no siempre es malo. El problema es lo que conserva. Lo que no se puede es volver atrás, entre otras cosas porque lo de atrás no era tampoco ninguna maravilla. Hasta el año 1977, una mujer no podía abrir una cuenta bancaria sin el permiso de su marido, de su padre o de su hermano. Peor aún: el marido podía darle una paliza sin consecuencias legales, salvo que pasasen quince días sin que las heridas hubiesen cicatrizado.

Hay dos pensadores muy conocidos que fueron pareja clandestina, Hannah Arendt y Martin Heidegger; ellos nos dieron dos indicaciones muy interesantes. Hannah Arendt decía: «Toda generación tiene la obligación de acoger la novedad de las generaciones siguientes». Un niño y una niña son una novedad. Toda generación aporta novedades. Las tecnologías han venido para quedarse y, cuanto antes las entendamos, mejor. No vamos a volver a la imprenta, hay que acoger lo nuevo. La cuestión es aprender a hacerlo, no caer en la trampa del mercado que dice «no hay que hacer nada, todo se autorregula». Heidegger añadió otra cosa. Él estudió mucho la técnica y dijo: «Con la técnica hay que aceptar las novedades, pero mantener los principios». Mantener los principios de privacidad, respeto, intimidad, pensamiento. Hay que acoger la novedad, pero con principios. No como el mercado que propone barra libre.

Un problema no es una enfermedad

Entremos si os parece en la cuestión del TDAH. El régimen de lo hiper produce problemas de atención, pero negáis que la consecuencia sea el llamado «trastorno de déficit de atención e hiperactividad». Os pido que expliquéis esta distancia crítica con respecto al diagnóstico de TDAH. ¿Qué problema encontráis en él?

Marino. El tema es complicado y controvertido; y es mejor que sea así, que haya controversia y no un pensamiento único que dice que el TDAH es un trastorno mental o una enfermedad mental.

Por mi parte, lo que discuto, habiendo revisado las supuestas evidencias que se aducen, es que estemos ante un trastorno del neurodesarrollo. Los niños que reciben el diagnóstico de TDAH tienen problemas de aprendizaje, en la vida familiar, etc., pero un problema no es exactamente una enfermedad. Ese problema tiene al menos dos niveles: en primer lugar, la hiperactividad infantil es un reflejo de la sociedad hiperactiva donde atender a muchas cosas a la vez, ser impulsivo y rápido, es un valor. Los niños aprenden a ser hiper, como lo son los padres y la misma sociedad. Ése es un nivel.

Pero podríamos preguntarnos también: ¿por qué en una sociedad hiper unos niños son más candidatos que otros a recibir ese diagnóstico? Las personas somos diferentes unas a otras, desde la cuna, desde la infancia. Una de esas diferencias, muy estudiada por la psicología, consiste en el movimiento, como conexión primordial con el mundo y las cosas. Hay niños o niñas que son más activos que otros. Y aquí entraría la cuestión de la *vitalidad*. Esa vitalidad es temperamental, podríamos decir, aunque luego pueda ser exacerbada, modulada o atenuada por los estilos de vida de los padres, de la escuela, de la sociedad. Hay niños diagnosticados como TDAH que no tienen ninguna avería en el mecanismo neurocognitivo de la atención; simplemente no atienden de manera sostenida las cosas que los adultos están interesados en que atiendan. Esos mismos niños, cuando están involucrados en actividades que les interesan, ponen mucha atención, como cualquiera de nosotros.

Por tanto, un problema, que tiene que ver con la sociedad y con las diferencias individuales, se etiqueta como enfermedad metal y de ese modo es *naturalizado*. Los problemas sociales se convierten en problemas individuales que los sujetos tienen por sus genes, por su biología. Pero nada de eso está firmemente establecido. El diagnóstico homogeneiza, transforma una diversidad de casos y de maneras de ser en una etiqueta que se aplica para recetar medicación. Lo que es diverso, lo que tiene diversos contextos biográficos y situacionales, pasa a tener una sola explicación y una única solución.

José Ramón. Mi peor pesadilla, cuando niño, era visitar con mi padre o con mi madre a algún familiar en una casa y tener que estar tres o cuatro horas sentado comiendo una galleta mientras los «mayores» hablaban de sus cosas. Era una situación horrorosa, resultaba imposible poner atención en una conversación que no te interesaba nada. Los adolescentes tienen hoy escenas de pánico parecidas aunque estén decoradas con otros elementos: «¿sabes lo peor que te puede ocurrir?», me decía el otro día una chica en consulta, «pues irte un fin de semana con tus padres y sin móvil». Ése es el pánico hoy.

Los niños ahora se mueven mucho más. Lo advierte cualquiera entrando en un aula. En mi época nos aguantábamos sentados con la galleta, pero ahora hay que ponerle al niño una maquinita que fije su atención mientras la mamá habla con la tía o con quien sea. La sociedad es distinta. Es una sociedad hiperactiva. Un capítulo de Bob Esponja tiene más estímulos sensoriales que las cinco temporadas de Heidi juntas. Hay una sobreestimulación sensorial, los niños están acostumbrados desde pequeños a habitar paisajes con muchos estímulos. Y de pronto los metemos en un aula. Algo que se inventó en el siglo XIX. La configuración del aula, que materializa una cierta idea de la enseñanza, se inventó en el siglo XIX. Y les obligamos a que se mantengan en ella de nueve a cinco, en clases de cincuenta minutos, cuando nosotros mismos no aguantamos ni la mitad sin empezar a hacer *zapping* o *multitasking*. Hay una discordancia entre lo que es la vida, tal y como la vivimos hoy, y las exigencias académicas que se diseñaron en otros tiempos y circunstancias. Eso origina muchas de las conductas perturbadoras de los niños.

¿Qué hacemos con esto? ¿Nombramos como trastornados a los niños que molestan o cambiamos algo del sistema de enseñanza para ver si esa movilidad puede ser una oportunidad de aprendizaje? Colaboro con escuelas de Barcelona que han hecho cambios y tienen una tasa de TDAH mucho más baja que las demás: trabajan en el huerto para aprender sobre el medio natural, tienen actividades de talleres por toda la escuela, hacen del movimiento en general una oportunidad de aprendizaje. Eso combinado, lógicamente, con momentos de concentración. En definitiva, la pregunta no es si existen o no los trastornos de atención, sino preguntarnos cuáles son las causas. ¿Por qué no transformamos los contextos y ayudamos a los niños a responder de otra manera?

El diagnostico de TDAH como trastorno mental hace abstracción de toda una serie de circunstancias —biográficas, sociales, relacionales— que para vosotros son importantes en el análisis. Al hacer de una avería en el cerebro el origen de todos los problemas de la atención, dejamos de cuestionar la sociedad que vivimos: el régimen de lo hiper, la relación con las pantallas, etc. No se trataría entonces de negar la existencia de trastornos de atención, sino de complejizar la reflexión, entiendo.

Marino. Existen los problemas de atención, pero no se trata de trastornos del neurodesarrollo. Son problemas que tienen lugar en determinados contextos familiares y educativos. Lo mejor que podemos hacer es analizar esos contextos y proporcionar ayuda sin diagnosticar. Se puede ayudar sin necesidad de diagnóstico. Si miramos al niño desde el diagnóstico, sólo vemos conductas a corregir. Si miramos con otras lentes, podemos ver que tal vez que esos niños candidatos a TDAH son más curiosos, más creativos, más abiertos a nuevas experiencias, más exploradores de nuevas sensaciones, etc. Esas características no son necesariamente síntomas de una alteración neurológica, sino rasgos positivos, potencias de la infancia. Desarrollo esta idea en mi libro *Más Aristóteles y menos Concerta*, por si alguien tiene interés en profundizar en ella.

José Ramón. La mayoría de los problemas de atención se detectan en la escuela. Por tanto, la primera respuesta está allí. El diálogo entre las familias y la escuela es el primer espacio de elaboración. A veces no basta, hay situaciones que pueden requerir consulta clínica. Un ejemplo reciente: nace un hermano y al primogénito le entra el pánico de quedar destronado. Yo le digo: «vale, ya no eres el único, pero sigues siendo el primero». Se necesita tiempo y apoyo para elaborar esa tesis, para resituarse, pero funciona. Acompañar es ayudar a superar ese momento de impasse. Cuando nada de eso sirve puede recurrirse a la medicación. La medicación puede ser un recurso terapéutico, por supuesto, el problema es que se convierta en la primera (o única) opción. Entonces por orden: primero viene la intervención en el contexto, después el acompañamiento clínico y por último la medicación. Ahora lo estamos haciendo al revés. Ése es el verdadero problema.

Estamos para nosotras.
Siete tesis por una práctica radical de los cuidados
Marta Malo

1. Atender y cuidar a veces parecen sinónimos. «Atiende al niño»; «ve a atender a tu padre». Y es que cuidar requiere de un entrenamiento prolongado en un tipo de atención interpersonal, donde «estamos para el otro»: todos nuestros sentidos se orientan a percibir, anticiparnos, a sus necesidades, estar listas y disponibles para cubrirlas, captar las variaciones y ser capaces de reaccionar prontas a ellas.

El femenino de los adjetivos no es azaroso: en tanto que los cuidados son una actividad altamente feminizada, este «estar para el otro» está en el núcleo de la socialización femenina en nuestras sociedades. Helene Cixous ya habla de ello en la risa de la Medusa, cuando describe la subjetividad masculina como «yo para sí» (yo en armas, paranoico, defensivo) y la femenina como «yo para el otro» (disponible, poroso, derramado). Ella misma lo aclara: no hay nada de natural o esencial en estas cualidades, sino que este es el rol en el que se nos entrena en las sociedades occidentales en tanto que hombres y mujeres: desde pequeños aprenderemos a ser premiados o castigados en función de lo bien que interpretemos el rol que nos corresponde. ¡Ay de quien cruce las fronteras!

Pero ¿son realmente sinónimos atención y cuidados? En realidad no. El tipo de atención que cuidar requiere forma también parte del mandato de la sexualidad femenina: «disfruta para el otro». Y la atención es sólo una disposición dentro del amplio conjunto de tareas que englobamos dentro de «los cuidados»: se puede lavar, vestir, alimentar a otra persona sin «poner atención en ella», maquinalmente, objetualizándola.

2. Identificar los cuidados con el mero «estar para el otro» conduce a una multitud de equívocos, pero sobre todo borra su dimensión histórica y política. En una definición más rigurosa, se llama «cuidados» al conjunto de tareas materiales e inmateriales de sostenimiento de la vida. Sin embargo, si los cuidados existen como sustantivo concreto para nosotras y nosotros es porque, en el proceso de la industrialización, nuestras sociedades occidentales agruparon esas tareas que en otros contextos no existen como conjunto separado: están feminizadas pero ligadas, por ejemplo, a labores agrícolas o de cuidado de los bosques y de las tierras comunales, insertas en tramas comunitarias, con otras problemáticas con respecto a la distribución del poder, el prestigio y la riqueza.

Como explica Silvia Federici, los cuidados, tal y como los conocemos, aparecen con la institución del salario y de su otro, el hogar nuclear, que encapsula estas tareas y las marca como «improductivas». A partir de ese momento, los cuidados se realizarán de modo cada vez más individualizado y aislado, dentro de las cuatro paredes de la casa, fuera del terreno de lo común y, por lo tanto, fuera de lo político: de lo que puede ser debatido y cuestionado entre todos. Dejarán de verse como un conjunto de labores que requieren esfuerzos, destrezas, saberes específicos y se considerarán una inclinación naturalizada de las mujeres, algo que se hace «por amor», que no forma parte, no contribuye ni alimenta la riqueza social y es, como han señalado tantas feministas, invisible y casi etéreo: no ocupa tiempo ni lugar.

Su devaluación tendrá múltiples capas. Por un lado, devaluación material: en sociedades cada vez más monetizadas y salarizadas, el hecho de que estas actividades se realicen de forma gratuita generará una clara dependencia económica en quienes las desempeñen. Así, las mujeres, dedicadas por mandato a estas labores, necesitarán para su supervivencia del salario de otro que se preste a «mantenerlas»; o, en la versión «modernizada», se verán condenadas a una doble jornada que, como bien dice el lema, las deja, nos deja, extenuadas: la feminización de la pobreza tiene una clara explicación en la paradoja de que el trabajo más importante e intensivo del mundo se considera algo que debe hacerse «por amor».

La devaluación será también simbólica: se infantilizará al «ama de casa», pero también a la madre, esposa e hija cuidadoras, presentándolas a todas ellas como sujetos necesitados de instrucción y supervisión por un conjunto de nuevos cuerpos profesionales (nutricionistas, pedagogos, psicólogos, etc.), que tutorizarán las «labores domésticas» y se arrogarán el derecho de castigar a la mujer que no cumpla adecuadamente con sus deberes, con sutiles culpabilizaciones o intervenciones directas de retirada de ayudas económicas o custodias.

Una infantilización parecida vivirán quienes no puedan participar en la sociedad salarial: niños y niñas, ancianos, personas con diversidad funcional, se presentarán como «seres improductivos», incapaces de tomar decisiones por sí mismos o de contribuir socialmente. Todos ellos se verán subordinados a la madre o hija que a su vez estará subordinada al esposo o marido o, en su defecto, al «Estado protector» (las famosas *welfare mothers*).

Lejos de la dulce historia de amor en la que todos viven felices y comen perdices, esta organización social de los cuidados estará atravesada por la violencia: la violencia económica de dedicarse a una actividad altamente demandante en tiempos y esfuerzos sin ninguna compensación monetaria en sociedades donde la moneda es requisito imprescindible de la subsistencia; la violencia directa, mal llamada doméstica, que sigue la cadena de subordinaciones —del padre o marido contra la madre/esposa y de ésta contra aquellos a quienes debe cuidar en condiciones de aislamiento; la violencia machista en las calles y en las plazas, en la oscuridad o a la luz del día, contra quien se salga del rol de género que quiere a las mujeres en el serpara-el otro: violencia, pues, contra la mujer rebelde que no cumple, que no cuida, la bollera, la marimacho, el hombre con pluma, el calzonazos que no manda en su casa, la trans que desafía el mandato original, todos ellos encarnaciones de que la cosa podría ser de otro modo, de que no hay nada de esencial ni natural en el estado de las cosas. Pero también, para cimentarlo todo, la violencia legislada: aquella que no permite regular la propia capacidad procreadora (prohibición del aborto) o determinar los propios vínculos (prohibición del divorcio, penalización del adulterio, penalización de formas de unión no heterosexual, etc.) o definirse fuera del binarismo de género sobre el que se sustenta toda la estructura (legislación antitrans).

Entonces, no podemos hablar de cuidados sin hablar de su organización social, porque los cuidados existen en tanto que estas tareas se han agrupado para feminizarlas, encerrarlas, naturalizarlas, desvalorizarlas, descualificarlas, violentarlas. Poner los cuidados en el centro no es invitar a una relación con el otro más amable, menos instrumental, no es animar a un cristiano estar-para-los-demás. Es mirar los cuidados de frente, politizarlos, poner en cuestión su organización social, preguntarse si no podríamos hacerlo de otra manera: si no nos merecemos instituciones más amables, menos sometidas a la presión, la extenuación y la violencia, para dar y recibir cuidados.

3. «Los cuidados sostienen el mundo pero ahogan la vida de las mujeres». Así rezaba un cartel feminista en la Italia de los años 1970, poniendo en el centro la experiencia (mayoritariamente) femenina de ambivalencia con respecto a los cuidados: potencia y opresión, que se dan *a la vez*, sin que una dimensión contradiga ni atenúe la otra.[1]

1. Véase «Cólera y ternura», en *Vínculos*: https://otrosvinculos.wordpress.com/2016/10/30/colera-y-ternura/

Sí, los cuidados *ahogan* la vida de las mujeres y de todo aquel que los asuma como su principal responsabilidad. El motivo es evidente: estas tareas son demasiadas para hacerse en soledad y por la cara en sociedades donde las chicas, malas o buenas, sin dinero no van a ninguna parte (los chicos tampoco y les chiques ni os cuento).

Quienes cuidan, mayoritariamente mujeres, trabajan jornadas infinitas, sin posibilidad de vacaciones ni descanso, o bien en situación de dependencia, o bien condenadas a dobles y triples jornadas difícilmente conciliables, con la extenuación y los malabarismos constantes que ello supone. Viven además bajo una supervisión permanente de lo que hacen y con la culpa al acecho: por no llegar, por vivir «mantenidas» (por el marido, el amante, el padre o el Estado), por no estar nunca suficientemente presentes, por no ser lo suficientemente buenas —ni en el «trabajo», ni en el «hogar», ni en la arena pública. Difícil idealizar los cuidados con semejante plantel.

Pero los cuidados son también *potencia*. Su práctica nos permite descubrirnos como seres frágiles e interdependientes, que necesitamos de los otros para sostenernos en este mundo. La fantasía de la individualidad[2] se revela, desde el punto de vista de los cuidados, como una ficción machista, colonial, depredadora. El espejismo del héroe que se planta en la vida por sus propias fuerzas, sin nadie que lo pare, acune y alimente, sano y limpio por siempre, y por sus propias fuerzas saquea, conquista y arrasa con todos los demás, para fundar sobre esa devastación el mundo, queda hecho añicos cuando miramos lo que nos rodea con los ojos de quienes cuidan y de los entreverados lazos de interdependencia que nos sostienen. Aparecen en cambio otros relatos creadores, que tienen mucho que ver con esa práctica de vincularidad que hay en el cuidar: cocinar, can-

---

2. Almudena Hernando, *La fantasía de la individualidad. Sobre la construcción sociohistórica del sujeto moderno*, Traficantes de sueños, Madrid, 2018.

tar una nana, contar historias, transmitir la lengua, organizar y mantener los espacios donde compartimos la vida, velar a los muertos, escuchar desvelos, curar las heridas, son todas actividades que no casan con lo improductivo, que rebasan lo reproductivo —que crean y fundan, gesto a gesto, mundo y sentido—.

¿Qué pasaría si, en lugar de sufrir el ahogo de los cuidados, si en lugar de entregarlos como principal «externalidad positiva» para la acumulación de capital, nos apoyáramos en su potencia creadora de otros mundos, si ensayáramos otras organizaciones sociales de los cuidados y de toda la actividad humana, más centradas en el horizonte irrebasable de nuestra común vulnerabilidad? ¿Es posible una radical revuelta desde los cuidados?

4. Algo así imaginaron las feministas autónomas italianas que, allá por los años 1970, pusieron en el centro de su acción política esta ambivalencia, opresiva y creadora, de lo que ellas nombraron como trabajo de reproducción. Sus teorizaciones y su praxis organizativa entroncaron con un movimiento masivo de mujeres que rechazó el encierro y la desvalorización del hogar, negándose a tener «todos los hijos que mandara Dios». Las luchas por los derechos reproductivos, por el derecho al divorcio y a las uniones libres o al matrimonio homosexual pueden leerse en esta clave. Fueron años donde, literalmente, se practicó, de modo cotidiano, masivo y sistemático el «mamá ha salido», que podía leerse en carteles de la época, o el «Manolo, Manolito, la cena tú solito», que se coreaba en las manifestaciones.

También se imaginaron y ensayaron otros modos de organización social de los cuidados, entre la institución pública y las propuestas comunitarias: es algo que no aparece a menudo en los relatos de aquellos tiempos, pero lo cierto es que, a la vez que miles de mujeres se sustraían del hogar como destino ineludible, proliferaban ensayos de otra vida en común. Las comunas rurales y urbanas no sólo probaron el amor libre, como repite la caricatura hasta la saturación, sino otros modos de vivir juntas donde lo reproductivo estaba socializado; los movimientos de renovación pedagógica, de salud comunitaria o contra el encierro psiquiátrico sacudieron los muros de escuela, hospital y manicomio, haciendo una crítica radical a la ecuación {necesidad de cuidados = encierro + infantilización} e inventando modos de sostén mutuo basados más en el acompañamiento que en la tutela y el control, más en la proximidad y la red que en los macroprotocolos deshumanizantes. En los puntos de contacto entre el feminismo y estos movimientos arraigó con fuerza la oposición frontal a una socialización de los cuidados que se hiciese en cadena: tarea sin vínculo, sostén sin atención, mundo sin sentido —vida desnuda—.[3]

3. Este cruce está maravillosamente expresado en este pasaje de Mariarosa Dalla Costa: «Salgamos de casa: rechacemos el hogar en la medida en que queremos unirnos con las demás mujeres para luchar contra todas las situaciones que presuponen que las mujeres están en casa, para conectarnos con todas las situaciones que presuponen que la gente se queda en guetos, ya sea el gueto del jardín de infancia, del colegio, del hospital, del asilo o de las zonas chabolistas. Abandonar el hogar es ya una forma de lucha, porque así estos servicios sociales ya no se desarrollarán en esas condiciones y, necesariamente, todos los que trabajan pedirán que el capital los organice, que recaiga sobre él tal carga: con tanta mayor violencia cuanto más violento, decidido y masificado sea este rechazo del trabajo doméstico por parte de las mujeres. [ ] El problema no es tener un comedor. Recordemos además que el capital primero hace la Fiat y luego el comedor. Pedir un comedor para el barrio desvinculado de una práctica global de lucha contra la organización del trabajo [...] corre el riesgo de impulsar un nuevo salto que, a escala de barrio, someta justamente a las mujeres en algún trabajo tentador para tener luego la posibilidad de comer todas en el comedor al mediodía una comida asquerosa. Que quede claro que no es éste el comedor que se quiere, ni tampoco son éstos [...] los jardines de infancia que se quieren. Queremos también comedores, y también jardines

El saldo de aquella revuelta puede resumirse en la brillante frase que Raquel Gutiérrez empleó para una lucha de allende los mares: «ganamos pero perdimos».[4] Se ganaron (en algunos lugares más que en otros y siempre en función de la clase social) mayores derechos reproductivos y cierto margen de autodeterminación en la vida sexoafectiva de las mujeres. Pero se perdió en la aspiración a otra organización social de los cuidados. Y es que el impulso transformador se encontró de frente una ofensiva neoliberal que mantuvo intactos el encierro y la devaluación de los cuidados, combinando la hiperexplotación no remunerada de las mujeres (todas) con la hiperexplotación de las mujeres migrantes, mantenidas cautivas por las leyes de extranjería. Se reconvirtieron, además, en términos privati-

---

de infancia, y también lavadoras y lavaplatos, pero queremos asimismo comer entre cuatro personas cuando tengamos ganas y tener tiempo para estar con los niños y con los ancianos y con los enfermos cuando y donde queramos; y "tener tiempo" se sabe que quiere decir trabajar menos y tener tiempo para poder estar más con los hombres quiere decir que también ellos deben trabajar menos. Y tener tiempo para estar con los niños, con los ancianos y con los enfermos no quiere decir poder correr a hacer una visita rápida a esos garajes de niños que son las guarderías o los asilos de ancianos o las residencias de minusválidos, sino que quiere decir que nosotras, que hemos sido las primeras excluidas, tomemos la iniciativa de esta lucha para que todas estas personas, igualmente excluidas, niños, ancianos, minusválidos, participen de la riqueza social para poder estar con nosotras y con los hombres, entre nosotros, de forma tan autónoma como queremos estar nosotras mismas, porque su exclusión del proceso social directamente productivo, de la vida social, al igual que la nuestra, es producto de la organización capitalista». Mariarosa Dalla Costa, «Mujeres y subversión social» (1972).
4. Raquel Gutiérrez Aguilar hace con esta paradójica frase balance del ciclo de movilizaciones populares e indígenas que se desplegó en Bolivia entre 2000 y 2005. Véase la entrevista a Raquel Gutiérrez Aguilar para *LaVaca*, Buenos Aires: https://www.lavaca.org/notas/entrevista-a-raquel-gutierrez-aguilar/

vos, precarizadores y competitivos las infraestructuras públicas de cuidados, cortando en seco los incipientes procesos de democratización y las prácticas de proximidad que habían nacido de las luchas anteriores (centros de salud, escuelas, jardines de infancia, casas de criaturas, centros de día...).

Los cuidados siguieron siendo una gigantesca externalidad positiva para la acumulación de capital, pero además se tornaron un nuevo terreno de valorización: contratos millonarios para la lucrativa gestión privada de infraestructuras públicas, multiplicación de servicios *low cost* para suplir labores que antes se realizaban en el hogar —comida rápida en lugar de puchero, moda rápida en vez de remiendo, compras a domicilio en lugar de sábado en el mercado...—.

El resultado es conocido por todos: una crisis generalizada de los cuidados. El cuidado de la vida en sus momentos de vulnerabilidad no está garantizado para un número cada vez mayor de personas: ni en el hogar, ni en lo público, ni en lo comunitario. Y, al mismo tiempo, nos vemos desposeídas del potencial del cuidado como creador de mundos. Cada vez sabemos menos cuidar y el cuidado se vive más neuróticamente: la vulnerabilidad, propia y ajena, da miedo, nos faltan los ritos, los saberes y los cuentos y caemos víctimas de una obsesión por el control.

5. La interpretación reaccionaria de la crisis de los cuidados pretende culpar de la situación a las mujeres, al feminismo, a las disidencias sexuales. La violencia machista contemporánea tiene mucho de intento desesperado de «devolver a cada cual a su lugar»: «tú, mujer, serás la garante de mi descendencia y de mis cuidados». En esta misma clave puede leerse la irritación por el «desorden de los géneros» que introducen las disidencias sexuales, incluso cuando esta irritación aparece en cierto feminismo que se dice borrado por las vivencias trans* y sus legítimas demandas de autodeterminación. Se golpea y se acorrala con virulencia a quien, con su estar en el mundo, su forma de vida, sus prácticas, encarna la quiebra del hogar cisheterosexual como centro de ordenación machista de los cuidados, a quien desafía las leyes del patriarcado, ese pacto entre varones a cambio del acceso unilateral al cuerpo de las mujeres, a su potencia de gestación, a su fuerza de cuidado.

Se fiscaliza la vida de las mujeres: ¿a qué hora saliste, con quién ibas, qué llevabas? ¿Le das aún teta? ¿Cómo te separas teniendo hijos? ¿Vas a vivir siempre del Estado? ¿Tienes hijos sólo por las ayudas? Se santifica a las madres mientras sean santas, es decir, abnegadas, negadoras de sí, suicidas de sus propias energías. Se fortalece, calle a calle, culto a culto, sobre todo por abajo, una nueva moral femenina, que nos insta a volver al hogar o atenernos a las consecuencias. Se intenta devolver las disidencias sexuales al cajón de lo patológico, negando su existencia, achacándola a extrañas teorías extranjeras, que «quieren confundirnos».

«¿Cómo es posible, si estamos en el siglo XXI?», exclaman perplejas algunas voces. Pero es que la historia no es una línea de «avance», no hay un futuro mejor que esté allá delante esperándonos. Es todo más incierto y movedizo, hay sedimentos que reemergen a la superficie, campos de fuerza y acontecimientos que lo trastocan todo. Por eso mismo, la situación no está cerrada: los cuidados están en crisis, sí, pero también en disputa, desde múltiples frentes.

Los cuidados han pasado a formar parte del debate público, con toda su carga de ambivalencia. Si la derecha los reivindica para volver a anclarlos a la familia y a la abnegación femenina, en la izquierda flotan demasiadas veces como significante abstracto que lo dice todo y no dice absolutamente nada. Sin embargo, un conjunto de movimientos, desafíos cotidianos y prácticas dispersas ofrecen poderosas tomas de tierra para colocar el debate en otro lugar.

Por un lado, la marea feminista, en su dimensión al mismo tiempo situada y transnacional,[5] está plantando cara con particular fuerza a la remoralización y culpabilización de las mujeres, rebelándose contra el *dictum* patriarcal que nos quiere sumisas o muertas. Las identidades trans* y no binarias, en toda su diversidad, están cobrando una visibilidad impensable hace apenas una década, abriendo la caja de los sexos, en particular en las jóvenes generaciones, que declinan con -e con total desenvoltura, ante las caras desencajadas de sus mayores. Parte del alma comunitaria de las instituciones públicas, ésa que quiso proximidad, vínculo y acompañamiento en la educación y la salud, está reactivándose en lo mejor de las luchas contra la desamortización de lo público, descorporativizando estas luchas y abriendo el espacio para la reimaginación de lo que pudo haber sido y aún podría ser. Con dificultad y a menudo a contrapelo de la tristura, en alianza entre el adentro y el afuera, trata de reconstruir vínculos desgarrados por la competitividad generalizada y por décadas de protocolos públicos que nos entregan a la abstracción deshumanizante.[6] En las situaciones de dificultad (desahucios, deportaciones,

5. Véase Verónica Gago y Marta Malo, «#LaInternacionalFeminista» en *La Internacional. Luchas en los territorios y contra el neoliberalismo*, Traficantes de sueños, Madrid, 2020.
6. Pienso en la nueva vitalidad de las AMPA, muchas rebautizadas como AFA (asociaciones de familias, reconociendo la diversidad de configuraciones familiares, que no sólo y siempre incluyen madre y padre), que trabajan mano a mano con el profesorado por la revitalización y la transformación de la escuela pública; también en movimientos como Yo Sí Sanidad Universal, donde profesionales sanitarios y usuarios del sistema de salud trabajan para garantizar el acceso universal a la atención sanitaria o en los grupos que están naciendo de médicos/as y enfermeros/as jovencísimos que están tratando de dar un nuevo sentido a la idea de una salud territorial y comunitaria, en diálogo con no sanitarios (Colectivo Silesia, La Cabecera, Comunidades Activas en Salud, etc.).

maltrato...) están naciendo grupos de apoyo y acompañamiento, con fuerte protagonismo femenino, que hacen del cuidado, del hacerse cargo de la vulnerabilidad humana, herramienta central de construcción social y política.[7]

Desde el conjunto de estos lugares y desde la rabia de quienes cuidan, entre el ahogo y la potencia, el cuidado se piensa y se pelea mejor.

6. La pandemia de la covid-19 ha puesto la vulnerabilidad y la interdependencia humana en el centro. Nos ha demostrado, por si alguien quería olvidarlo, que nuestra vida es frágil y que las decisiones de cada uno afectan a los demás, hasta magnitudes insospechadas. Hubo quien pensó que esto bastaría para poner los cuidados en el centro de la vida social, para darles el reconocimiento y la visibilidad que merecen como la actividad esencial que son para el sostén de la vulnerabilidad. Pero, puesto que los cuidados no existen ajenos a su organización social, allí donde no ha imperado un nihilista darwinismo social (el «que mueran los débiles» en sus variantes explícitas o negacionistas), lo que se ha puesto en el centro es una versión securitaria de los cuidados: encerrarse en el hogar, cada uno confinado a su propia suerte, sus propias fuerzas y recursos, controlar que los demás respeten las normas dictadas unilateralmente desde las autoridades correspondientes, culpabilizar a quienes se contagiaron porque muy probablemente «no se cuidaron», anidar crispación y pasiones tristes por «tantos irresponsables». Los cuidados, así declinados, individual y controladoramente, más que

---

7. En las diferentes PAH y en los grupos de StopDesahucios esta labor de acompañamiento tiene una función central en la construcción de tejido organizativo; también en muchos grupos de migrantes con o sin papeles (Territorio Doméstico, Sindicato de Manteros...) o en grupos de autodefensa feminista.

tejido han sido bomba contra los vínculos, haciendo de la trama entre unos y otros tendido eléctrico de alta tensión.

Al mismo tiempo, quienes cuidan en un sentido intensivo, es decir, quienes asumen como principales responsables la tarea de sostén de la vida en sus momentos de fragilidad, han sido las más expuestas: al contagio, al estrés, al aislamiento. Las madres y abuelas, eternas variables de ajuste de las configuraciones familiares, han asumido mayoritariamente, en aislamiento y soledad, el cierre de escuelas, residencias y centros de día en los períodos de confinamiento. El teletrabajo se ha presentado como solución para que las madres trabajadoras pudieran compatibilizar la cobertura de las necesidades de la prole con el trabajo remunerado, como si lo que se tele-hace, en su inmaterialidad, «no ocupara lugar» y fuera posible escribir un informe al mismo tiempo que se prepara la comida del día o se da apoyo escolar. En aquellos puestos de trabajo donde la telepresencia no resultaba productiva, la disyuntiva ha sido demoledora: desatención de criaturas y mayores o desempleo. Los servicios esenciales de cuidado, desde el empleo de hogar a la atención a domicilio, desde la limpieza de hospitales hasta la enfermería en residencias de mayores, se han visto tan desprotegidos como explotados. Aplaudidos algunos, los sanitarios, invisibles la mayoría, sin equipos de protección, desbordados, sin espacios para elaborar en colectivo lo que estaba pasando. Para preguntarse: ¿qué, a quiénes y cómo queremos cuidar?

Es verdad que sucedieron también otras cosas. Hubo quienes, frente al llamado de «cada uno a su casa y a lo suyo», decidieron no soltar. Los grupos de apoyo, las despensas y las múltiples prácticas de solidaridad que proliferaron desde los primeros días del confinamiento fueron expresión de la voluntad de mantener el vínculo, de hacerse cargo del peligro juntas, de tener en cuenta los riesgos del contagio pero no negar los del hambre, la recesión, los desahucios, la soledad.[8] Una versión ecológica de la tarea de cuidar: no «me cuido», «te cuido», sino «nos cuidamos», sabiéndonos sociales y mortales, extraños cohabitantes de lugares en pandemia.

7. **«Estamos para nosotras»**. Éste fue uno de los lemas de la huelga feminista en Argentina.[9] «Estamos para nosotras» señala una interrupción de la atención feminizada, ésa que impone por mandato estar-para-los-demás, aún a costa de una misma, de su propio caudal vital. O más que una interrupción, una desviación, un corte parcial: no estamos para quienes nos matan, nos abusan, nos violentan, nos explotan. No estamos para ab-negarnos, negar nuestro propio estar en el mundo, en aras de un marianismo que nos santifica como madres y esposas (o nos escupe como putas). Y eso no significa que no estemos, que caigamos en el yo-en-armas de la subjetividad masculina patriarcal, que nos entreguemos al proyecto neoliberal de la emprendedora de sí que sólo está para sí misma y su propio narcisismo de *selfie*. No. «Estamos para nosotras» habla de un común para el que sí estamos: el que nos quiere vivas y desendeudadas. Estamos para quienes, como nosotras, están dispuestos a hacerse cargo de que somos-con-otras: con otras personas, mayores y pequeñas, pero también con los animales, los mares, la tierra. Y con el virus, incluso con el virus.

---

8. Las iniciativas son innumerables y todas de proximidad: despensas de alimentos, apoyo y acompañamiento a personas mayores, confección y distribución gratuita de material de protección, tutoriales y guías para prevenir los contagios, asesorías para tramitar ayudas, ERTE, etc., cajas de resistencia para empleadas de hogar, sin papeles, etc.
9. Natalia Fontana lo explica maravillosamente en su intervención en el taller de La Laboratoria «Herramientas para un sindicalismo feminista. Trabajo y renta»: https://youtu.be/g58rWGz3QQg

Se activa aquí una imagen de la atención que no es entrega incondicional, sino toma de partido y producción de otros modos de estar juntos. Los necesitamos para no ahogarnos. Para no caer en la trampa que nos quiere encerradas o solas; encerradas y solas. Para abrir el conjunto de tareas de cuidados, empaquetadas en el hogar y en sus externalizaciones neoliberales, y volver a entrelazarlas con el tejido de tramas y culturas rebeldes, con la defensa del agua y del aire, con el cuidado de la prole y los cultivos, los cantos y las estaciones, la finitud y la risa, el buen vivir y el buen morir. Para hacer del cuidado una práctica rigurosa de cultivo de los vínculos que sí queremos, por los que sí correremos riesgos.

ESCUCHAR LA ESCUELA, MÁS ALLÁ DE LA QUEJA Y LOS ESTEREOTIPOS: CONVERSACIÓN CON SILVIA DUSCHATZKY

Se oye, un poco por todas partes, una misma queja sobre la escuela: «las cosas ya no son lo que eran». La institución ya no es como la de antes, los maestros no son como los de antes, los alumnos ya no llegan a la escuela como antes: no saben, no quieren aprender, están permanentemente distraídos Pero ¿y si sabemos *en exceso* sobre la escuela? Saber demasiado, es decir, saber cómo «debería ser». Ese «saber» nos impide escuchar: percibir lo que la escuela es, a día de hoy, sus potencias y sus problemas.

¿Cómo leer la escuela si no la presuponemos desde modelos o ideales? Hay que desoír para escuchar, meterse en las cosas sobre las que se habla, inyectar vida en las mismas palabras que se dicen ¿Qué atención nos exige hoy entender la escuela, pensada como un cuerpo en movimiento, un proceso en mutación? ¿Cómo leerla desde sus detalles más aparentemente nimios: cuerpos, silencios, problemas, desvíos, violencias? Esta conversación con Silvia Duschatzky, investigadora del área de educación de Flacso Argentina, fue disparada por las preguntas de Amador Fernández-Savater y Leire San Martín, responsable del área de mediación de Tabakalera, el 18 de septiembre de 2019.

Pensar por problemas

Amador Fernández-Savater. *Nuestro tema hoy es «escuela y atención». Lo que nos viene inmediatamente a la cabeza cuando hablamos de esto es la pregunta por la atención de los chicos y de las chicas en el aula: ¿están distraídos con el móvil, con las pantallas? ¿Son capaces de seguir* *una clase? Pero eso va a ser un tema secundario, lo que queremos poner principalmente en conversación son otras preguntas: ¿qué tipo de atención, qué tipo de mirada, qué tipo de escucha nos requiere hoy el desafío de entender lo que pasa en la escuela? Ése es el hilo más preciso, aunque a partir de él podamos llegar a pensar que ese supuesto «déficit de atención» de los habitantes de la escuela es simplemente quizá otra atención.*

Las cosas, dice Silvia en algún sitio, no se entienden tanto por lo que son como por lo que hacen. No tanto por el rol que tienen, la posición que ocupan, la casilla en la que están inscritas, sino por su práctica, por sus efectos. Lo primero que queríamos preguntarte entonces es por tu propio hacer: ni profesora, ni académica, pero ocupada en pensar la escuela, con otros.

Silvia Duschatzky. Lo que «nosotros» hacemos —a mí me gusta hablar en plural, no por una sofisticación políticamente correcta, sino porque de hecho es así, un trabajo colectivo, grupal— es tratar de encontrar «buenos problemas». Parece una locura, porque lo que queremos habitualmente en la vida es «sacarnos de encima» los problemas, encontrar soluciones. Sin embargo, para nosotros el problema no es algo que esté en déficit, la señal de que algo falta, sino la antesala de una investigación posible.

Voy a poner un ejemplo muy concreto: en la periferia de la ciudad de Rosario, en la provincia argentina de Santa Fe, hay una experiencia de escuela en régimen de autogestión popular que se llama la *Ética.* Tuve la oportunidad de estar en una de sus clases, que reciben chicos o adultos que no han podido, o no han querido, entrar en la escuela normal, pública y estatal, la escuela reconocida. Lo que estaban trabajando, en esa clase a la que yo asistí, eran criterios en relación con la salud. Discutían sobre salud tecnocrática, salud neoliberal, los problemas que hay cuando la salud no está garantizada para todo el mundo, etc. Entonces, una señora que había estado muy callada, dijo: «Perdón, pero lo que estamos haciendo nosotros, esta experiencia de autogestión en la escuela que implica mucho más que recibir una serie de contenidos, ¿no es salud? ¿La salud no es también algo vinculado al buen vivir? ¿La salud no es también la decisión de colectivizar formas de gestión de la vida?».

Esa pregunta desplaza la idea clásica de la salud e introduce una mirada nueva. Le hace algo al lenguaje que usamos habitualmente de manera automatizada. Entonces ahí se abre un problema, algo que no sabemos, algo a investigar. Lo que nosotros hacemos en relación a la escuela, y en relación a cualquier otra práctica social, es encontrar «buenos problemas», es decir, desplazamientos y zonas donde investigar aquello que no sabemos.

Amador. *Lo que nos impide pensar la escuela, según dices, es presuponerla. Presuponer «cómo debe ser» nos impide escuchar lo que realmente es, lo que pasa, lo que está siendo. Vuestra propuesta es* prestar atención *a lo real de la existencia escolar a partir de detalles que señalan problemas habilitadores de pensamiento. Pero en la escuela actualmente hay infinidad de problemas: de disciplina, de recursos, de precariedad, de violencia, etc. ¿Cómo se elige o construye un problema?*

Silvia. El problema no es un déficit, sino una pregunta. Una pregunta que nos arroja a una zona de investigación. Hay muchos presupuestos acerca de la escuela. Nosotros decimos que no hay escuela en abstracto. En abstracto lo que hay son retóricas, palabras, discursos, definiciones. Pero si no se verifican *sensiblemente,* en una experiencia y en una práctica, no son nada.

¿Qué significa que no haya escuela en abstracto? Pues que la escuela realmente no está hecha a partir de sus funciones, de sus roles, de sus dispositivos, de sus finalidades, sino que se construye a diario en las tentativas, en los situaciones, en las imposibilidades, en las cosas que parecen enquistadas. La escuela está siendo, es lo que pasa, no «es». Pero los presupuestos que tenemos sobre la escuela angostan las posibilidades de ver y leer todo eso.

Quiero compartir algo sobre una de estas situaciones, para hacer sentir más concretamente lo que quiero decir. Es una de esas historias que nosotros recogemos y a partir de las cuales pensamos; la hemos llamado «Preferiría quedarme»:

Era un día más. Iba llegando al liceo cuando me encuentro con la noticia de que Juan había insultado y amenazado a una profesora. Ante esta situación se opta por suspenderlo. El Consejo asesor propone la opción de que el estudiante continúe los estudios pasando a estudios libres, así como la restricción de acercarse a las inmediaciones de la institución. Mientras bajo las escaleras, me cruzo con Juan. Hasta el momento, él ignoraba lo dispuesto por la dirección, asistía a clase como un día común y me incomoda la situación. (Esto lo relata una de las asesoras de la escuela).

Busco una forma de informarle de la decisión. Se ofusca, no la acepta, putea, insulta... «Si me expulsan, dejo de estudiar. Si me expulsan, dejo de estudiar». Trato de calmarle y pasa del enojo al llanto, dice: «El colegio es el único lugar en el que quiero estar. Aquí estoy tranquilo, lejos de mis problemas». Juan sale corriendo del colegio. Me enoja la postura de la dirección. Tomo mis cosas y salgo a buscarlo, lo veo en la esquina sentado en el suelo, llorando. Trato de tranquilizarlo y le digo que trataré de hablar con la directiva para evaluar otras posibilidades.

Juan acepta y se le cita para hablar con la directora. Acordamos la posibilidad de hacer la segunda prueba parcial y de que asista a las clases. Informamos de la decisión a los profesores pero ellos no aceptan que Juan esté en el aula. Mientras tanto, Juan asiste a las instancias tutoriales que coordino con el objeto de que no pierda la regularidad y que se le pueda tramitar su título al finalizar los estudios aunque no asista regularmente a las clases. Pero hace más de una semana que Juan no asiste a las tutorías...

A mí me parece que esta situación es muy gráfica. La escuela, ante una situación de violencia, no lee, *aplica un protocolo*. Como es una escuela progresista, el protocolo no propone la sanción, sino un lugar alternativo para terminar los estudios, fuera del aula. Pero Juan dice algo que hay que escuchar: «yo quiero estar aquí, no me importa el título». Es un dato muy significativo, habla de que su relación con la escuela no es sólo un cálculo en función del acceso a un título, sino una relación afectiva y de alojamiento. La escuela aplica sus supuestos y le ofrece las tutorías, pero no lee que el pibe tiene una relación con la escuela que va *más allá* de la expectativa de un título académico.

Al no poder leer esto, la escuela no solamente pierde a un alumno, sino que se vuelve incapaz de repensar y reconfigurar sus propios lazos con los estudiantes. Al moverse sólo con una lógica normativa, con una lógica de protocolo, no es capaz de leer el tipo de vínculo que se crea entre los pibes y la escuela. No lee que la escuela tiene un valor muy importante para los pibes que no se traduce simplemente en una cuestión academicista. Pensar por problemas, entonces, es diferente a aplicar la norma. El problema invita a la escuela a repensar su relación con los estudiantes, toda su dinámica de trabajo.

Amador. *Me parece que es una manera de pensar desafiante y anómala. Lo «normal» es partir de que ya sabemos para qué sirve la escuela: transmitir un conocimiento o bien formar, preparar para la vida futura. Con respecto a esas finalidades juzgamos si la cosa está funcionando o no. Pero lo desafiante y anómalo es pensar justamente a partir de esos disfuncionamientos: no verlos sólo como problemas a resolver, sino como*

*posibilidades de repensarse y reinventar la propia escuela. Una curiosi-
dad, Silvia: ¿qué interlocución encontráis con maestros y maestras, qué
resonancias tienen estos planteamientos vuestros, qué ganas hay de mirar de otra manera?*

Silvia. En Argentina hoy hay un estado de mucha disgregación, de
mucha crudeza, de mucha precariedad de la existencia. Los maestros
también forman parte de esta precariedad; no sólo viven la precariedad de los pibes, sino su propia precariedad. Frágil el niño, frágil el
adulto, como decía Ignacio Lewkowicz. La sensación de fragilidad
de los pibes y de los maestros es absolutamente compartida. Hay un
estado de vulnerabilidad común y eso genera una condición de re-
ceptividad para poder pensar de otra manera. Porque, o bien se
repiensa y reformula la propia lógica, o bien caemos (los maestros
caen) en un agobio tan crudo que tiene incluso salidas de tipo psiquiátrico. Entonces, cuando estamos hundidos, o bien nos aferra-
mos a lo viejo y ahí no hay nada nuevo que pueda crecer, o bien acti-
vamos la recepción a pensar otras cosas y de otra manera. Y sí, todo
esto lo charlamos con maestros, lo trabajamos en las escuelas; y sentimos que la resonancia es cada vez mayor, justamente ligada al agotamiento de los viejos modos de pensar.

La creación de circunstancias

Leire San Martín. *¿Qué tipo de práctica hace hoy maestro a un maestro, alumno a un alumno, cuando las cosas «ya no son como antes»?
Hablas en ese sentido, Silvia, de la figura de un profesor «creador de
circunstancias». Un profesor o profesora que crea sus circunstancias
cuando trabaja, en lugar de presuponerlas. ¿A qué te refieres? ¿Y cómo
se hace?*

Silvia. En la periferia de Buenos Aires, en el barrio de Moreno, hay una escuela a la que acuden pibes de contextos muy vulnerables. Los maestros se quejaban de que los chicos no leían y no escribían. Y convocaron a pensadores como Verónica Gago y a Diego Sztulwark, que ha participado también en este seminario sobre la atención, para trabajar cuestiones de lectura y escritura. Ninguno de los dos son maestros, vienen de las ciencias políticas y la filosofía. Esa invitación terminó convirtiéndose en un taller de filosofía. Esos chicos, que no leían ni escribían, acabaron elaborando un cuadernillo llamado «Transporte de elefantes».

Quiero leerles uno de los poemas que escribió una chica etiquetada con el síndrome de déficit de atención. Se llama «Mi soledad».

Los días para mí son casi iguales.
Una monotonía que jamás se acaba,
Y si acaba una, comienza otra.
Hay algunas excepciones que me distraen.
Como por ejemplo, el otro día me lastimé el pie corriendo y me costaba
*   mucho moverme.*
Pero sigue siendo el mismo ritmo de vida:
una cosa común, como las preguntas tontas que a veces me hacen.
Estar en el colegio es tener una vida predecible.
Sé lo que más o menos voy a hacer en la próxima hora,
a qué hora hago esto, a qué hora hago lo otro.
El único momento inesperado que tengo es en mi casa donde estoy sola.
Tener mi espacio para lo que sea,
estar en mi mundo donde nadie puede venir y tirar mis pensamientos.
Donde invento e imagino cosas que nunca le conté a nadie y nunca lo voy
*   a hacer.*
A veces la soledad no es tan mala.
En estos espacios libres leo, dibujo, pienso...
y en ellos no sólo hay silencio y nada más.

También cuando estoy rodeada de personas que pueden estar gritando
y no me afectan nada.
Estar en silencio o en medio de un griterío no me molesta para nada
cuando el motivo es dibujar o sólo pensar,
ya que logro dispersarme,
estar en la mía,
comienzo y llego a tal extremo que los sonidos de mi alrededor desaparecen,
estando yo sola con mis pensamientos.

Lo que leo yo aquí es que la queja de los maestros —«le hablo y no me contesta, está en la suya, no atiende»— no capta que en esa «distracción» hay una fuerte demanda de atención a su propio recorrido de pensamiento. Ella viene a decir: «Esto es para mí la soledad, les advierto que me pasa muy seguido, así que busquen la forma de llamar mi atención si quieren que les responda». Esa chica, en la condición grupal que se creó, en un momento de mucha devastación social, fue capaz de preguntarse sobre la soledad, de elaborar enunciados casi filosóficos. Gilles Deleuze, por ejemplo, dice que puede existir una «soledad muy poblada», que la soledad no es sólo desolación, sino que puede ser un momento de mucho poblamiento de ideas, de imágenes, de conexión amorosa con el mundo. Ella dice algo muy parecido.

En lugar de derivarla al psicopedagogo y medicarla con Ritalín, se crearon «circunstancias» que le permitieron pensar. Pero ¿qué pasa cuando los problemas se piensan sólo como «déficit»? Hay una información que no podemos leer.

Entonces, ¿cómo se hace? No hay manual de instrucciones. Pero sí que hay una apuesta y un bosquejo. El bosquejo podría ser: «juntémonos, llevemos en principio libros y películas, veamos qué disparan». No se acude sin nada, hay un bosquejo. Pero no sabemos de antemano todo lo que ese bosquejo puede dar de sí, en todo lo que puede derivar. Desde ahí se van haciendo trazados, tomando notas, gestando formas como la de ese cuadernillo. Se parte de una pregunta: ¿cómo producir circunstancias que motiven una discusión y estimulen la escritura? Y van apareciendo cosas, termina generándose una condición de interrogación sumamente sutil, sofisticada y colectiva, en la que nunca hubieran pensado los docentes que clasificaban a los niños simplemente como alumnos con «déficit de atención». No hay a priori un diagrama que luego se cumple punto por punto, sino sólo un bosquejo y una disposición sensible a escuchar lo que pasa, lo que viene, lo que llega.

Buscar aliados para pensar

Leire. *Creo que lo que nos pasa a muchas de las que estamos aquí, y que somos profesoras o profesores, es que podemos estar completamente en sintonía con esta idea de habitar la escuela desde otro lugar, pero después, en directo, en el momento de la reacción y la decisión, nos cuesta no juzgar moralmente. Por otro lado, a nivel práctico, muchas profesoras «creadoras de circunstancias» se sienten muy solas dentro de una estructura que jerarquiza, empeora las condiciones de trabajo, dificulta enormemente la posibilidad de crear algo distinto. ¿Cómo hacer con ambas cosas?*

Silvia. Está bueno lo que dices porque podemos sumarle más cosas. ¿Cómo pensar la escuela por fuera de la corporación? Es decir, por fuera de la corporación educativa. ¿Cómo buscar «no estar sola»? ¿Cómo buscar aliados? Los aliados, que de pronto pueden ser compañeros de la escuela, la directora u otros docentes, pero también puede ser un vecino, un alumno, una amiga, un amigo... El punto de desafío es buscar interlocutores, buscar cómplices y armar laboratorios de pensamiento, porque, efectivamente, estas cosas no se pueden pensar en la soledad del ensimismamiento, la soledad despoblada.

Seguramente al principio zozobremos y no sepamos qué hacer, seguramente fracasemos, pero la cuestión es no leer que este fracaso es un drama, sino que hay información también de lo que podemos, de lo que no podemos, de lo que no hemos leído bien. Esa es una información vital. Los laboratorios de pensamiento pueden darse en el interior de una institución, pero también en el exterior de sus fronteras. Tomamos notas de lo que pasó, de lo que nos inquietó, de lo que salió, de lo que no nos salió, de lo que entendimos y no entendimos, las ponemos a circular por mail, como sea Ya sólo en el acto de tomar notas, en el acto de escribir, algo se empieza a pensar. Luego se lo envías a alguien y así sigues pensando. Entras a la escuela con otra imaginación, con otra gimnasia, con otro entrenamiento, con otra sensibilidad. Por supuesto vas a seguir fracasando, pero son los equívocos y los fracasos los que brindan más información, no el éxito. Entonces: primero no creer que un fracaso es un drama, sino tomar nota de lo que pasó y leerlo.

Ese punto de la soledad que dices se dirime con interlocutores, con aliados que no necesariamente forman parte de la corporación, de la lógica jerárquica: «si tengo tal problema hablo con la supervisora», «si tengo tal otro, acudo al especialista X». Ante cada problema, en la escuela convencional, se crea un programa y un proyecto, pero resulta que los problemas y las complicaciones se van multiplicando, no se pueden anticipar con programas y proyectos, no funciona. Me parece más rico pensar esto: buscar aliados que no necesariamente están en la escuela o la institución, que no necesariamente forman parte de la comunidad educativa. Los aliados son los que pueden pensar con nosotros, cualquiera que se anima a pensar con nosotros. Los que admiten que les pasan cosas que no entienden pero necesitan pensar eso que no entienden. No los que piensan igual, sino los que comparten una sensibilidad. El mejor aliado para pensar la escuela puede ser un pintor o un filósofo, no necesariamente un educador o un docente.

Desde ahí se arman dispositivos, formas. Nosotros los llamamos «laboratorios de pensamiento»: son encuentros irregulares pero que se van sosteniendo, lugares e instancias donde uno puede llevar las notas desprolijas de lo que le pasó y encontrar un eco para poder pensarlo. Y ustedes dirán: «pero qué agotamiento, hay que inventarlo todo de cero». Porque antes esos espacios estaban dados: eran las reuniones de personal, las reuniones con la directora, el trabajo de la psicopedagoga que intervenía ante cada cuestión que desbordaba las cuestiones escolares, etc. Uno *descansaba* en esas instituciones, en todas esas formas instituidas, y podía dedicarse a hacer su tarea.

Pero eso ya no funciona, porque aunque sigue habiendo psicopedagogas, psicólogas, una multiplicidad de programas y proyectos, miles de mediaciones jurídicas y de todo tipo, el deterioro y la precariedad en la escuela son enormes. Solamente hay alguna posibilidad de hacerse cargo cuando aparece un pensamiento colectivo que se pone a prueba en la realidad concreta, viendo si se puede gestar otra situación. Entonces sí, puede ser un agotamiento, pero también nos encontramos sostenidos por la grupalidad. No nos sentimos agotados cuando la fertilidad del pensamiento empieza a emerger y se pueden verificar las consecuencias en lo más concreto.

Amador. *Está también esa idea de que los males de la escuela tienen que ver sólo, o principalmente, con la precariedad económica y que si esa precariedad se revierte volveríamos a poder descansar (delegar) en instituciones que funcionan: una dirección, una asamblea de profesores, el aula. Pero también hay una precariedad del sentido de las cosas y de los vínculos: qué hacemos aquí, para qué, con quién.*

Existencias menores

De tu libro, Políticas de la escucha, *me parece muy potente la idea de tomar de algunos autores herramientas para pensar la escuela, ciertas imágenes y nociones. Autores que tal vez no han pensado la escuela directamente, pero fabrican herramientas que se pueden trasladar y traducir. Pienso, por ejemplo, en la revalorización de la «intuición» por parte de Henri Bergson. Lo intuitivo es un conocimiento que suele considerarse de segunda, demasiado ligado al afecto, de peor calidad que el pensamiento científico.*

Háblanos de estas herramientas, que son otras formas de poner atención en lo que sucede.

Silvia. Sí, pongo un ejemplo: el concepto de «existencia menor» de David Lapoujade, que desarrolla en el libro del mismo nombre. Lo vinculo con algo que me ocurrió en esa escuela autogestionaria que mencionaba antes, la *Ética* de Rosario. Allí estaban discutiendo sobre derecho a partir del texto de la Constitución. Leían cada uno de los derechos otorgados y discutían si se cumple o no: el derecho a la salud, a la educación, etc. Y yo preguntaba: pero ¿acaso no hay derechos no jurídicos como puede ser la experiencia de esta misma escuela autogestionada? Esa experiencia no está en ninguna legislación, su existencia no es el cumplimiento de ningún derecho, están ejerciendo un derecho no jurídico.

El pensamiento, en este caso, tiene que ver con desplazar la cuestión del derecho del ámbito jurídico y ponerlo también en el ámbito de la creación de existencia, es la tesis de Lapoujade. En este caso, la creación de una escuela que se autogestiona, donde los estudiantes y los docentes, sin dirección jerárquica, deciden y definen sus seminarios, sus formas de convivencia, sus intercambios.

La existencia menor, a la que se refiere Lapoujade, es esa existencia que no tiene una visibilidad masiva, pero sí mucha fuerza desde el punto de vista de la experiencia que se hace, de cómo radicaliza las vidas. La existencia menor se sale de la espectacularidad, esa lógica que sólo atiende las formas mayoritarias consumibles en el mercado. Mayoritario y minoritario no tienen que ver con la cantidad, sino con una práctica que cambia las cosas pero cuya potencia no viene de una legislación, de una institución fundadora de legalidad. Es un *acto de creación* que afecta al modo de pensar las vidas, aunque no tenga la legalidad constitucional o la espectacularidad mediática de otras existencias. Son «movimientos aberrantes», dice también Lapoujade, movimientos de fuga que desplazan las cosas, las maneras de pensar, en este caso la manera de pensar la escuela.

También allí hay cosas que suceden en una esquina, en tal o cual rincón, pero que son importantes en el orden del pensamiento, del aprendizaje, de la creación. En los rincones más insospechados pueden acontecer esas «existencias menores». La existencia mayor acontece en el aula. Pero lo que aconteció en el pasillo puede ser más poderoso que lo que aconteció en el aula, porque el aula es el espacio del automatismo, de lo previsible, de la inercia.

Amador. *El desafío, entonces, según entiendo tu planteamiento, no es tener mejores ideas —ideas más correctas políticamente, más progresistas—, sino habilitar otros modos de atender y escuchar lo que pasa.*

Silvia. Todas las ideas que se tratan como premisas, que se postulan como verdades a priori, nos alejan de las posibilidades de escuchar y crear algo, también las ideas «progres».

Pongo un ejemplo. En una de las escuelas con las que trabajamos, un jardín de infancia que funciona con niños de diferentes sectores sociales, hay una maestra que llega siempre media hora tarde. Y se arma todo un de revuelo: «no es justo que una maestra llegue a las ocho de la mañana y otra pueda llegar a las ocho y media, etc.». Aquí se juega toda una idea de justicia. La justicia es lo igual para todos, hemos heredado esa idea, es la vara que mide por igual el comportamiento de todos.

A partir de ahí empezamos a discutir, a llevar la discusión a lugares que eran casi impensables al principio: «bueno», decía yo, «llega media hora tarde porque, según dice, tiene un problema psíquico por el cual no se puede despertar por más despertadores que se ponga. Pero cuando llega, se pone el grupo al hombro y genera una vitalidad enorme en las actividades. Las otras maestras pueden entonces, de alguna manera, reposar las horas siguientes gracias a ella».

¿Qué es lo justo y qué lo injusto? Hay una idea preexistente de lo justo, que es lo normal, la regla que deben seguir todos, la justicia como simetría, pero de pronto aparece algo fuera de la norma. ¿Qué vamos a hacer? ¿Hay que elaborar una nueva norma entonces? En las discusiones yo preguntaba: «pero, ¿qué consecuencias prácticas tiene que ella llegue tarde?» Y no tenía ninguna, porque el grupo a primera hora iba bien con la primera maestra. Entonces, ¿por qué no pensar lo justo y lo injusto *según* los *efectos prácticos* que tienen las cosas en la vida social y no de acuerdo a una norma preexistente? Llegamos así a otra idea de justicia.

Pero nos costó mucho, porque se trata de una institución que reivindica la Declaración de los Derechos de los Niños o la Educación Sexual Integral. La idea progresista de justicia como igualdad de todos y para todos. Yo no estoy en contra de nada de eso, simplemente digo que remitirse todo el rato a marcos regulatorios previos para evaluar si lo que pasa es justo o injusto nos evitar poner atención en los efectos, en las consecuencias prácticas de las cosas. Cualquier idea preexistente, cargada de un sentido fuerte que la convierta en vara de medir los comportamientos, puede ser un obstáculo a lo hora de escuchar lo que pasa, también las de izquierdas o progresistas.

Los modos de existencia se evalúan según los efectos prácticos que tienen en la ampliación o restricción del poder social, no en el cumplimiento de determinados preceptos. Por eso hay que radicalizar muchísimo la mirada, refinarla. Los buenos sentimientos no son garantía de nada, las mejores intenciones no alcanzan para pensar y los mejores enunciados pueden bloquear la atención a lo que pasa.

Amador. *En definitiva, lo que necesitamos para pensar la escuela no es una «atención concentrada», esa atención que focaliza, que mira lo central e importante, sino una atención más lateral, capaz de ver y valorar esos detalles y accidentes a partir de los cuales somos capaces de volver a mirar, de volver a pensarlo todo de nuevo.*

Silvia. Lyotard, retomando a Freud, habla en su libro *Lecturas de infancia* de las «señales afectuales». Él dice que hay una *lexis*, digamos que es lo que resulta entendible dentro del código de la representación (yo digo «silla» o «sillón» y todos pensamos en algo para apoyarse) y hay por otro lado una señal afectual. Una señal afectual es eso que se le cuela al relato. Algo que se dice sin saber, que suscita efectos sin darse cuenta, eso a lo que nos referimos cuando hablamos de «decir sin querer».

Un ejemplo muy elocuente, recogido en nuestro trabajo de investigación, es el de una maestra en una escuela que se encontró con un niño que le pegaba a otro y le dijo: «dame el celular que voy a llamar a tu madre» y el pibe le dijo «no me saques el celular porque si mi madre se entera me va a pegar con el cable de la plancha». Entonces la maestra pasó de pensar en la violencia del niño a pensar en la violencia de la madre. Cuando le pedimos que escribiera la historia en un mail, ella hizo un relato pormenorizado hasta el momento del cable de la plancha. Y cuando estábamos conversando sobre la historia con los maestros, hablando de métodos, ella dijo:

—«¡Ah! me olvide decir algo. Pero como ya había escrito tanto me parece que ya era algo menor y no importaba...

—Bueno, ¿qué era?

—No, que en un momento vino la madre a la escuela y con otra profesora, la madre y yo, de pronto éramos tres mujeres hablando de la complicación cotidiana de la crianza cuando estás sola en barrios hostiles.

Y nosotros dijimos: «para, para. Estás hablando de que surgió de pronto una complicidad de género que cambió los roles y la conversación». Pero ella lo dijo como por fuera del relato. Lo más interesante a veces es eso que se le escapa al relato, a lo que no le damos importancia, que no está dentro de la *lexis*, sino una fuga, una señal afectual. Ese detalle nos permitió a nosotros hacernos una pregunta concreta: «¿es posible una crianza colectiva?».

En esa historia la jerarquía se rompe, de pronto ser maestra no implica jerarquía porque aparece una complicidad de género. Hay una vulnerabilidad compartida. Y esa vulnerabilidad puede politizarse y desprivatizar el malestar de criar en condiciones de aislamiento. La señal afectual es eso. Lo que se suscitó en tres mujeres hablando de las complicaciones de la vida cotidiana, lo que se salió del relato de la violencia y dio lugar a la pregunta «¿es posible la crianza colectiva?» y, si fuera así, «¿cómo sería en el barrio?».

No somos buenos, ni malos, somos según las condiciones que nos toca vivir. Entonces la crianza colectiva y la desprivatización del malestar suponen crear condiciones para que la amorosidad pueda circular mejor. Porque un cuerpo demandado, solicitado todo el tiempo, reacciona para preservarse con lo que puede, por ejemplo un cable de la plancha. La señal afectual, como método, es escuchar lo que se dice sin querer, porque ahí puede estar lo más importante.

Reflexiones sobre el buen uso de los estudios escolares como medio de cultivar el amor a Dios
Simone Weil

La clave de una concepción cristiana de los estudios radica en que la oración está hecha de atención. La oración es la orientación hacia Dios de toda la atención de que el alma es capaz. La calidad de la oración está para muchos en la calidad de la atención. La calidez del corazón no puede suplirla.

Sólo la parte más elevada de la atención entra en contacto con Dios, cuando la oración es lo bastante intensa y pura como para que el contacto se establezca; pero toda la atención debe estar orientada hacia Dios.

Los ejercicios escolares desarrollan, claro está, una parte menos elevada de la atención. Sin embargo, son plenamente eficaces para incrementar la capacidad de atención en el momento de la oración, a condición de que se realicen con este fin y solamente con este fin.

Aunque hoy en día parezca ignorarse este hecho, la formación de la facultad de atención es el objetivo verdadero y casi el único interés de los estudios. La mayor parte de los ejercicios escolares tienen también un cierto interés intrínseco, pero se trata de un interés secundario. Todos los ejercicios que apelan realmente a la capacidad de atención tienen un interés muy similar e igualmente legítimo.

Un estudiante que ame a Dios no debería decir nunca: «me gustan las matemáticas», «me gusta el francés», «me gusta el griego». Debe aprender a amar todas estas materias porque incrementan la atención que, orientada hacia Dios, es la sustancia misma de la oración.

No tener una natural facilidad o preferencia por la geometría no impide el desarrollo de la atención por medio de la resolución de un problema o el estudio de una demostración. Más bien al contrario, es casi una circunstancia favorable.

Por otra parte, importa poco que se llegue a encontrar la solución o a entender la demostración, aunque ciertamente haya que esforzarse por lograrlo. Nunca, en ningún caso, un verdadero esfuerzo de atención se pierde. Siempre es plenamente eficaz en el plano espiritual y, por consiguiente, lo es también por añadidura en el plano inferior de la inteligencia, pues toda luz espiritual ilumina la inteligencia.

Si se busca con verdadera atención la solución de un problema de geometría y si, al cabo de una hora, no se ha avanzado lo más mínimo, sí se ha avanzado sin embargo, durante cada minuto de esa hora en otra dimensión más misteriosa. Sin sentirlo, sin saberlo, ese esfuerzo en apariencia estéril e infructuoso ha llevado una luz hasta el alma. El fruto se encontrará algún día, más adelante, en la oración. Y también se encontrará, sin duda, en un dominio cualquiera de la inteligencia, acaso ajeno por completo a las matemáticas. Quizás un día, el protagonista de ese esfuerzo ineficaz podrá, gracias a él, captar más directamente la belleza de un verso de Racine. Pero que el fruto del esfuerzo revierte en la oración, eso es algo seguro, algo de lo que no hay la menor duda.

Las certezas de este tipo son de carácter experimental. Pero si no se cree en ellas antes de haberlas experimentado, si no se actúa, al menos, como si se creyera, no se llegará nunca a la experiencia que las hace posibles. Hay ahí una especie de contradicción. Así ocurre a partir de un cierto nivel con todos los conocimientos útiles al progreso espiritual. Si no se los adopta como regla de conducta antes de haberlos verificado, si durante largo tiempo no se les presta adhesión solamente por la fe, una fe en principio tenebrosa y sin luz, jamás se los transformará en certezas. La fe es condición indispensable.

El mejor apoyo de la fe es la garantía de que si pedimos pan al Padre, no nos dará piedras. Al margen incluso de toda creencia religiosa explícita, cuantas veces un ser humano realiza un esfuerzo de atención con el único propósito de hacerse más capaz de captar la verdad, adquiere esa mayor capacidad, aun cuando su esfuerzo no produzca ningún fruto visible. Un cuento esquimal explica así el origen de la luz: «El cuervo, que en la noche eterna no podía encontrar alimento, deseó la luz y la tierra se iluminó». Si hay verdadero deseo, si el objeto del deseo es realmente la luz, el deseo de luz produce luz. Hay verdadero deseo cuando hay esfuerzo de atención. Es realmente la luz lo que se desea cuando cualquier otro móvil está ausente. Aunque los esfuerzos de atención fuesen durante años aparentemente estériles, un día, una luz exactamente proporcional a esos esfuerzos inundará el alma. Cada esfuerzo añade un poco más de oro a un tesoro que nada en el mundo puede sustraer. Los esfuerzos inútiles realizados por el cura de Ars durante largos y dolorosos años para aprender latín, aportaron sus frutos en el discernimiento maravilloso que le permitía percibir el alma misma de los penitentes detrás de sus palabras e incluso detrás de su silencio.

Es preciso pues estudiar sin ningún deseo de obtener buenas notas, de aprobar los exámenes, de conseguir algún resultado escolar, sin ninguna consideración por los gustos o aptitudes naturales, aplicándose por igual a todos los ejercicios, en el pensamiento de que todos sirven para formar la atención que constituye la sustancia de la oración. En el momento en que uno se aplica a un ejercicio, hay que tratar de realizarlo correctamente, pues esta voluntad es indispensable para que haya verdadero esfuerzo. Pero a través de este fin inmediato, la intención profunda debe estar dirigida exclusivamente hacia el acrecentamiento del poder de atención de cara a la oración, de la misma forma que cuando se escribe se dibuja la forma de las letras sobre el papel, sin que el objeto sean las letras en sí, sino la idea que se quiere expresar.

Poner en los estudios esta única intención con exclusión de cualquier otro fin es la primera condición para su buen uso espiritual. La segunda condición es obligarse rigurosamente a mirar de frente, a contemplar con atención, durante largo rato, cada ejercicio mal resuelto en toda la fealdad de su mediocridad, sin buscar ninguna excusa, sin desdeñar ninguna falta ni ninguna corrección del profesor, tratando de remontarse al origen de cada error. Es grande la tentación de hacer lo contrario, de echar sobre el ejercicio corregido, si es deficiente, una mirada oblicua y olvidarlo enseguida. Casi todos los estudiantes actúan así la mayor parte de las veces, pero hay que rechazar esa tentación. Por otra parte, nada es más necesario al éxito escolar, pues se trabaja con escaso aprovechamiento, hágase el esfuerzo que se haga, cuando no se presta atención a las faltas cometidas y a las correcciones de los profesores.

Así puede adquirirse, sobre todo, la virtud de la humildad, tesoro infinitamente más precioso que todo progreso escolar. A este respecto, la contemplación de la propia estupidez es quizá más útil incluso que la del pecado. La conciencia de pecado proporciona el sentimiento de ser malo, lo que puede dar ocasión al desarrollo de un cierto orgullo. Cuando uno se obliga por la fuerza a fijar la mirada de sus ojos y de su alma sobre un ejercicio escolar estúpidamente resuelto, se siente con evidencia irresistible la propia mediocridad. No hay conocimiento más deseable. Si se llega a conocer esta verdad con toda el alma, uno se establece firmemente en el verdadero camino.

Si se cumplen estrictamente esas dos condiciones, los estudios escolares son un camino hacia la santidad tan bueno como cualquier otro.

Para cumplir la segunda, basta con quererlo. No ocurre lo mismo con la primera. Para prestar verdadera atención, hay que saber cómo hacerlo. Muy a menudo se confunde la atención con una especie de esfuerzo muscular. Si se dice a los alumnos: «ahora vais a prestar atención», se les ve fruncir las cejas, retener la respiración, contraer los músculos. Si pasado un par de minutos se les pregunta a qué están prestando atención, no serán capaces de responder. No han prestado atención a nada. Simplemente, no han prestado atención, han contraído los músculos.

Se prodiga con frecuencia este tipo de esfuerzo muscular en los estudios y, como acaba por cansar, se tiene la impresión de haber trabajado. Es sólo una ilusión. La fatiga no tiene ninguna relación con el trabajo. El trabajo es esfuerzo útil, sea o no cansado. Esta especie de esfuerzo muscular es completamente estéril para el estudio, aunque se realice con buena intención. Esta buena intención es una de ésas que sirven para empedrar el camino del infierno. El estudio realizado de esta forma puede a veces ser positivo desde el punto de vista escolar, de las notas y los exámenes, pero lo será a pesar del esfuerzo y merced a las capacidades naturales; esa clase de estudio es siempre inútil.

La voluntad, la que llegado el caso hace apretar los dientes y soportar el sufrimiento, es el arma principal del aprendiz en el trabajo manual. Pero, contrariamente a lo que de ordinario se piensa, apenas cumple ninguna función en el estudio. La inteligencia no puede ser movida más que por el deseo. Para que haya deseo, es preciso que haya placer y alegría. La inteligencia crece y proporciona sus frutos solamente en la alegría. La alegría de aprender es tan indispensable para el estudio como la respiración para el atleta. Allí donde está ausente, no hay estudiantes, tan sólo pobres caricaturas de aprendices que al término del aprendizaje ni siquiera tendrán oficio.

Es el papel que el deseo desempeña en el estudio lo que permite hacer de él una preparación para la vida espiritual. Pues el deseo orientado hacia Dios es la única fuerza capaz de elevar el alma. O, más bien, es Dios quien viene a recoger el alma y a elevarla, pero es el deseo lo que obliga a Dios a bajar; Dios sólo viene a aquéllos que se lo piden y no puede dejar de hacerlo cuando se le pide con frecuencia, ardientemente y de forma prolongada.

La atención es un esfuerzo; el mayor de los esfuerzos quizá, pero un esfuerzo negativo. Por sí mismo no implica fatiga. Cuando la fatiga se deja sentir, la atención ya casi no es posible, a menos que se esté bien adiestrado; es preferible entonces abandonarse, buscar un descanso y luego, un poco más tarde, volver a empezar, dejar y retomar la tarea como se inspira y se espira.

Veinte minutos de atención intensa y sin fatiga valen infinitamente más que tres horas de esa dedicación de cejas fruncidas que lleva a decir con el sentimiento del deber cumplido: «he trabajado bien».

Pero, a pesar de las apariencias, es también mucho más difícil. Hay algo en nuestra alma que rechaza la verdadera atención mucho más violentamente de lo que la carne rechaza el cansancio. Ese algo está mucho más próximo del mal que la carne. Por eso, cuantas veces se presta verdadera atención, se destruye algo del mal que hay en uno mismo. Si la atención se enfoca en ese sentido, un cuarto de hora de atención es tan valioso como muchas buenas obras.

La atención consiste en suspender el pensamiento, en dejarlo disponible, vacío y penetrable al objeto, manteniendo próximos al pensamiento, pero en un nivel inferior y sin contacto con él, los diversos conocimientos adquiridos que deban ser utilizados. Para con los pensamientos particulares y ya formados, la mente debe ser como el hombre que, en la cima de una montaña, dirige su mirada hacia adelante y percibe a un mismo tiempo bajo sus pies, pero sin mirarlos, numerosos bosques y llanuras. Y sobre todo la mente debe estar vacía, a la espera, sin buscar nada, pero dispuesta a recibir en su verdad desnuda el objeto que va a penetrar en ella.

Todos los contrasentidos en las traducciones, todos los absurdos en la solución de los problemas de geometría, todas las torpezas de estilo y los defectos en el encadenamiento de las ideas en los trabajos de francés tienen su origen en el hecho de que el pensamiento, precipitándose apresuradamente sobre algo y quedando así lleno de forma prematura, no se encuentra ya disponible para acoger la verdad. La causa es siempre la pretensión de ser activo, de querer buscar. Se puede comprobar que así es en cada ocasión, en cada falta, remontándose hasta la raíz. No hay mejor ejercicio que esta comprobación. Pues esta verdad es de las que sólo se aceptan experimentándola una y mil veces. Lo mismo ocurre con todas las verdades esenciales.

Los bienes más preciados no deben ser buscados, sino esperados. Pues el hombre no puede encontrarlos por sus propias fuerzas y, si se pone en su búsqueda, sólo encontrará en su lugar falsos bienes, cuya falsedad no sabrá discernir.

La solución de un problema de geometría no es en sí misma un fin valioso, pero también se le aplica la misma ley, pues es la imagen de un bien que sí lo es. Siendo un pequeño fragmento de verdad particular, es una imagen pura de la Verdad única, eterna y viva, esa Verdad que, con voz humana, dijo un día: «Yo soy la Verdad».

Visto así, todo ejercicio escolar se asemeja a un sacramento.

Hay para cada ejercicio escolar una manera específica de alcanzar la verdad mediante el deseo de alcanzarla y sin necesidad de buscarla. Hay una manera de prestar atención a los datos de un problema de geometría sin buscar su solución, a las palabras de un texto latino o griego sin buscar su sentido, hay una manera de esperar, cuando se escribe, a que la palabra justa venga por sí misma a colocarse bajo la pluma, rechazando simplemente las palabras inadecuadas.

El primer deber hacia los escolares y los estudiantes es enseñarles este método, no sólo en general, sino en la forma particular que con cada ejercicio se relaciona. Es un deber, no sólo de los profesores, sino también de los directores espirituales. Y éstos deben, además, dejar bien clara, con diafanidad absoluta, la analogía existente entre la actividad de la inteligencia en esos ejercicios y la situación del alma que, con la lámpara bien llena de aceite, espera al esposo en confianza y con deseo.

Todo adolescente amante de Dios, al hacer un ejercicio de latín, debería tratar de parecerse un poco más, por medio de dicho ejercicio, al esclavo que vela y escucha junto a la puerta esperando la llegada del señor. A su llegada, el señor sentará al esclavo a la mesa y él mismo le servirá de comer.

Es sólo esa espera, esa atención, lo que obliga al señor a ese derroche de ternura. Cuando el esclavo se ha fatigado hasta el agotamiento en el campo, el señor a su vuelta le dice: «Prepara la comida y sírvemela». Y le considera un esclavo inútil que hace sólo aquello que se le manda. Ciertamente, hay que cumplir, en lo que atañe a la acción, con todo lo que se manda, al precio de cualquier esfuerzo, fatiga y sufrimiento, pues el que desobedece no ama. Pero, hecho todo eso, no se es más que un esclavo inútil. Es ésa una condición del amor, pero no es suficiente. Lo que fuerza al señor a hacerse esclavo de su esclavo, a amarle, no es eso; y menos todavía cualquier búsqueda que el esclavo pudiese emprender temerariamente por propia iniciativa; es únicamente la vigilia, la espera y la atención.

Felices, pues, aquellos que pasan su adolescencia y su juventud formando únicamente ese poder de atención. Sin duda, no están más próximos al bien que sus hermanos que trabajan en los campos y en las fábricas. Pero lo están de otra manera. Los campesinos, los obreros, poseen esa cercanía de Dios, de sabor incomparable, que yace en el fondo de la pobreza, de la ausencia de consideración social y de los sufrimientos largos y constantes. Pero consideradas las ocupaciones en sí mismas, los estudios están más próximos a Dios a causa de esa atención que constituye su alma. Aquel que pasa sus años de estudio sin desarrollar la atención, pierde un gran tesoro.

No es sólo el amor a Dios lo que tiene por sustancia la atención. El amor al prójimo, que como sabemos es el mismo amor, está formado de la misma sustancia. Los desdichados no tienen en este mundo mayor necesidad que la presencia de alguien que les preste atención. La capacidad de prestar atención a un desdichado es cosa muy rara, muy difícil; es casi —o sin casi— un milagro. Casi todos los que creen tener esta capacidad, en realidad no la tienen. El ardor, el impulso del corazón, la piedad, no son suficientes.

En la primera leyenda del Graal se dice que el Graal, piedra milagrosa que por la virtud de la hostia consagrada sacia toda hambre, pertenecerá al primero que diga al guardián de la piedra, rey paralítico en las tres cuartas partes de su cuerpo a causa de una dolorosa herida: «¿Cuál es tu tormento?».

La plenitud del amor al prójimo estriba simplemente en ser capaz de preguntar: «¿Cuál es tu tormento?». Es saber que el desdichado existe, no como una unidad más en una serie, no como ejemplar de una categoría social que porta la etiqueta «desdichados», sino como hombre, semejante en todo a nosotros, que fue un día golpeado y marcado con la marca inimitable de la desdicha. Para ello es suficiente, pero indispensable, saber dirigirle una cierta mirada.

Esta mirada es, ante todo, atenta; una mirada en la que el alma se vacía de todo contenido propio para recibir al ser al que está mirando tal cual es, en toda su verdad. Sólo es capaz de ello quien es capaz de atención.

Por eso es cierto, aunque pueda parecer paradójico, que una traducción latina, un problema de geometría, aunque se hayan resuelto mal, siempre que se les haya dedicado el esfuerzo adecuado, pueden proporcionar mayor capacidad de llevar a un desdichado en el momento culminante de su angustia, si algún día la ocasión de ello se presenta, el socorro susceptible de salvarle.

Para un adolescente capaz de captar esta verdad y lo bastante generoso como para desear este fruto antes que ningún otro, los estudios tendrían una plenitud de eficacia espiritual, al margen incluso de toda creencia religiosa.

Los estudios escolares son un campo que encierra una perla por la que vale la pena vender todos los bienes, sin guardarse nada, a fin de poder comprarlo.

Biografías

Yves Citton es profesor de Literatura francesa y Medios en la Universidad París 8 Vincennes Saint-Denis. Integra el comité de redacción de la revista *Multitudes* y es autor de numerosos libros y artículos. Su obra *Por una ecología de la atención*, hasta la fecha sin traducción al castellano, es un mapa formidable de todas las cuestiones, las polémicas, las implicaciones del problema de la atención.

Santiago Alba Rico es escritor y ensayista. Estudió Filosofía en la Universidad Complutense de Madrid. En los años 1980, fue guionista del mítico programa de televisión *La bola de cristal* y ha publicado más de veinte libros sobre política, filosofía y literatura, así como tres cuentos para niños y una obra de teatro. Su principal preocupación político-antropológica es la confusión entre lo que él denomina «cosas de mirar, de usar y de comer», cuando el «hambre» es la pulsión de consumo destructora de mundo y la experiencia.

Franco Berardi (*Bifo*) es filósofo, escritor y agitador cultural. Graduado en estética y formado con Félix Guattari, actualmente es profesor de historia social de los medios de comunicación en la Academia de Bellas Artes de Brera (Milán). Fue un destacado activista de la llamada *autonomia operaria* italiana durante la década de los setenta y, desde entonces, ha desarrollado una prolífica obra crítica en la que ha estudiado las transformaciones del trabajo y de la sociedad en la globalización, especialmente el papel de los medios de comunicación y la mutación digital. Su producción teórica ha ido acompañada de un activismo por los medios de comunicación alternativos, tarea que inició con la fundación de la revista *A/Traverso*, fanzine del movimiento de 1977 en Italia, y que prosiguió con la creación de la mítica Radio Alice —la primera emisora pirata del país— y la TV Orfeu, cuna de la televisión comunitaria en Italia.

ISABELLE STENGERS es historiadora de la ciencia, epistemóloga y profesora de filosofía en la Universidad libre de Bruselas. Hija del historiador Jean Stengers, es quizá una de las pensadoras más celebradas por sus estudios sobre las tensiones y confluencias entre ciencia y filosofía, y recibió en 1993 el gran premio de filosofía que otorga la Academia Francesa. Notable por su propia obra filosófica, la profesora Stengers ha colaborado con intelectuales tan destacados como Leon Chertok, Ilya Prigogine o Bruno Latour. Este texto corresponde al capítulo sexto de su libro *En tiempo de catástrofes* (NED Ediciones, 2017).

RAFAEL SÁNCHEZ-MATEOS PANIAGUA es docente, investigador y artista. Doctor en Filosofía por la UNED con una tesis en torno al significado estético-político de la infancia en la modernidad, ha enseñado en la Facultad de Arquitectura de la UPSAM, en la Facultad de Bellas Artes y la Universidad de los Mayores de la UCM, en la Fundación Ortega y Gasset-Gregorio Marañón de Toledo, y acaba de volver de la Universidad de Princeton donde ha trabajado dos años como profesor visitante en el campo de Modern Peninsular Studies. Su trabajo actual se enmarca en una reflexión en torno al arte y los imaginarios populares, la experiencia estética y la dimensión social del arte.

DIEGO SZTULWARK nació en Buenos Aires en 1971. Estudió Ciencia Política en la Universidad de Buenos Aires, es docente y coordina grupos de estudio sobre filosofía y política. Fue miembro del Colectivo Situaciones de 2000 a 2009, con el que realizó una intensa tarea de investigación militante complementada con publicaciones. Coeditó la obra del filósofo León

Rozitchner para la Biblioteca Nacional, es coautor de *Buda y Descartes. La tentación racional* (junto con Ariel Sicorski) y *Vida de Perro. Balance político de un país intenso del 55 a Macri* (junto a Horacio Verbitsky). En 2019 publicó *La ofensiva sensible* (Caja Negra editores), en torno al que gira esta conversación con Amador Fernández-Savater, que tuvo lugar el 20 de febrero de 2019.

ANDREA SOTO CALDERÓN es doctora en Filosofía, profesora de Estética y Teoría del Arte. Ha desarrollado sus investigaciones en Valparaíso, Barcelona, Lisboa y París. Además de su actividad docente, realiza un proyecto de investigación artística en relación a los funcionamientos de las imágenes en La Virreina Centre de la Imatge, en Barcelona. Sus líneas de investigación se centran en las transformaciones de la experiencia estética en la cultura contemporánea, la crítica, la investigación artística, el estudio de la imagen y los medios, así como en la relación entre la estética y la política. Ha escrito numerosos artículos académicos, capítulos de libros y textos para catálogos de artistas. Entre sus publicaciones recientes destaca su libro *Le travail des images* junto a Jacques Rancière, Les presses du réel, 2019 y *La performatividad de las imágenes*, Metales Pesados, 2020.

JOSÉ RAMÓN UBIETO es psicoanalista y psicólogo especialista en Psicología clínica, miembro de la Asociación Mundial de Psicoanálisis y de la Escuela Lacaniana de Psicoanálisis. Profesor de la Universitat Oberta de Catalunya (UOC), ha publicado en numerosas revistas nacionales e internacionales y colabora habitualmente con el diario *La Vanguardia*.

MARINO PÉREZ ÁLVAREZ es Catedrático de Psicología de la Universidad de Oviedo, es autor de más de cien artículos en revistas especializadas, así como de numerosos libros. Juntos escribieron *Niñ@s hiper: infancias hiperactivas, hipersexualizadas e hiperconctadas* (NED Ediciones, 2018).

MARTA MALO es traductora e investigadora transfeminista. Tuvo que olvidar todo lo que aprendió en la universidad para poder hacer algo que mereciera la pena. Es editora y coautora de *Nociones comunes. Ensayos entre investigación y militancia* (2004), *A la deriva por los circuitos de la precariedad femenina* (2005), *La Internacional Feminista. Luchas en los territorios y contra el neoliberalismo* (2020). Ha participado en iniciativas de investigación activista como *Precarias a la deriva, Observatorio Metropolitano, Ferrocarril Clandestino-Manos Invisibles* y *Entrar Afuera*. Forma parte en la actualidad de *La Laboratoria. Espacio de Investigaciones Feministas*. http://laboratoria.red. Este texto se escribió, en agosto de 2020, como continuación de la conversación con Mari Luz Esteban «Atender el sostenimiento de la vida» (marzo de 2018).

SILVIA DUSCHATZKY es licenciada en Ciencias de la Educación (UBA) y Magíster en Sociología de la Cultura y Análisis Cultural (IDAES-UNSAM). Es investigadora del Área Educación de FLACSO Argentina (Facultad Latinoamericana de Ciencias Sociales), donde coordina el Proyecto Gestión Educativa, espacio de formación de posgrado e investigación. Algunas de sus publicaciones: *Política de la escucha en la escuela* (2017); *Desarmando escuelas* (2013) en coautoría con Elina Aguirre; *Imágenes de lo no escolar* (2011), en coautoría con Diego Sztulwark.

SIMONE WEIL se situó siempre al margen de las corrientes académicas del momento, tanto en los «métodos» como en los problemas a pensar. Su búsqueda de una verdad no separada de la experiencia le lleva a integrarse en la cadena de montaje de una fábrica, a participar en la guerra civil española o a la exploración de la soledad y del silencio en el recogimiento espiritual. Su obra está hecha de referencias a los textos de la antigua Grecia, de reflexiones sobre mística y geometría, de diarios minuciosos sobre las penurias cotidianas en una fábrica, de meditaciones políticas sobre los problemas del momento; en un constante ir y venir que acaba por poner en cuestión la separación entre vida y escritura. El texto que publicamos es fruto del fecundo diálogo con el dominico Joseph Marie Perrin durante la Segunda Guerra Mundial y está fechado en 1942. Incluido en la antología de Trotta *A la espera de Dios* (1993). Traducción de María Tabuyo y Agustín López.

AGRADECIMIENTOS

CICC Tabakalera, EQZE, Instituto Simone Weil, Andoni Egia, Kanpoko Bulegoa (Anne Ibañez y Marc Badal), Esteban Zamora, Juan Gorostidi, Frauke Schulz, Juan Gutiérrez, Lidia Montesinos, Julieta Gaztañaga, Jose Ramón Ustoa, Mikel Rodriguez Iantzi, Leire San Martín, Ibai Zabaleta, Astrid Villanueva Zaldo y a todas las personas que participaron de alguna manera en las dinámicas que el seminario propuso de forma subterránea.

Autor: Amador Fernández-Savater
Colección: Huellas y señales
Formato: 15 cm x 21 cm
ISBN: 978-84-18273-03-2

Esta es una época de revueltas, pero ya no de revoluciones. ¿Ya no o aún no? Depende también seguramente de nuestras imágenes de lo que es una revolución.

Hay mil prácticas cotidianas de transformación social, movimientos y luchas muy importantes, otras maneras de pensar lo político. Pero suceden a veces sin lenguajes y formas propias, bajo el umbral de algunas imágenes congeladas del pasado: la vanguardia consciente, organizada en Partido, al asalto del Palacio de Invierno.

Ese desacople entre imágenes y prácticas, entre lenguajes y experiencias, es una de las razones del actual *impasse* de la política de emancipación: el capital conquista día a día nuevas capas del ser, barriendo las medidas puramente reactivas y defensivas.

Tomar la iniciativa, una nueva ofensiva, pasa por afirmar otras imágenes de cambio, por *reconcebir la revolución*.

Jorge Alemán

BREVIARIO POLÍTICO DE PSICOANÁLISIS

NED

Autor: Jorge Alemán
Colección: Huellas y señales
Formato: 15 cm x 21 cm
ISBN: 978-84-18273-90-2

«Cuando un pueblo entiende que a veces la ley no es la ley, sino un instrumento arbitrario del poder, ha realizado una operación subjetiva y política de primer orden». Una vez más, Jorge Alemán cuestiona el discurso capitalista con un golpe de reescritura, en forma de breviario, sobre sus libros anteriores.

Su *Breviario* discurre sobre distintas lecturas, interpretaciones y temas cruciales de la actualidad que indagan hasta donde lo político y el psicoanálisis —sin superponerse nunca— entran en un mutuo juego de correspondencias. Al mismo tiempo, logra atar los cables sueltos de sus formulaciones teóricas con el legado de Marx, Freud, Heidegger y Lacan.

El célebre psicoanalista y escritor nos brinda así un repertorio de conceptos clave donde amalgama varias secuencias (amor y acontecimiento; machismo; lenguaje inclusivo; el Mal) que van desde sus lecturas sobre la forma neoliberal del Capital hasta el modo en que estas impactan sobre la vida y las circunstancias sociales y subjetivas.

Una obra que se puede leer por bloques temáticos siguiendo el orden sugerido o bien de manera aleatoria, ya que cada una de sus entradas constituyen una unidad en sí misma.

Antonio Casado da Rocha

CASA DE CAMBIOS

Activar nuestras capacidades transformadoras siguiendo a Henry D. Thoreau, Martha Nussbaum y Otto Scharmer

Epílogo de Jorge Riechmann   N:D

Autor: Antonio Casado da Rocha
Colección: Huellas y señales
Formato: 15 cm x 21 cm
ISBN: 978-84-18273-94-0

A mediados del siglo XIX el mundo empezó a acelerarse tecnológicamente iniciando un proceso que nos ha llevado a una nueva época geológica: el Antropoceno. El impacto de la actividad humana en el medio ambiente ha tenido graves consecuencias ecológicas y necesitamos activar transformaciones personales y sociales urgentes.

Para Antonio Casado da Rocha la solución a la crisis ecosocial no está en un pensamiento antropocéntrico, sino en un diálogo con la filosofía –para propiciar la transformación personal y social–, como en el papel de las universidades –para extender la cultura científica que permita una vida sostenible–.

Casa de cambios parte del trascendentalismo de Henry David Thoreau, el enfoque de las capacidades de Martha Nussbaum y la Teoría U de Otto Scharmer para activar competencias colectivas y lograr un cambio en la mentalidad de las personas. Estructurado como un viaje en el que se presentan seis «capacidades para la transición», el libro está escrito en una continua conversación con Jorge Riechmann, Daniel Innerarity, Amador Fernández-Savater y Marina Garcés, entre otros. Una obra de divulgación filosófica que combina la ética aplicada con la innovación social y experimentos de transformación cultural.